SARAH WIENER

Sarahs
Kochbuch
für das
ganze Jahr

Nachhaltig kochen
Alles verwerten

11 weitere Gründe, das Leben zu genießen:

Andrea Willson
Claudia Fabi
Elenore Kaufhold
Evei Kratochvil
Heidrun Resthöft
Jaquie Csuss
Judith Juhasz
Kätsche Caspar
Mahnaz Attar-Fischer
Ingi Wiener
und meine
Mali Rabahallah

Mehr als Freundinnen. Danke.

SARAH WIENER

Sarahs Kochbuch für das ganze Jahr

Nachhaltig kochen
Alles verwerten

INHALT

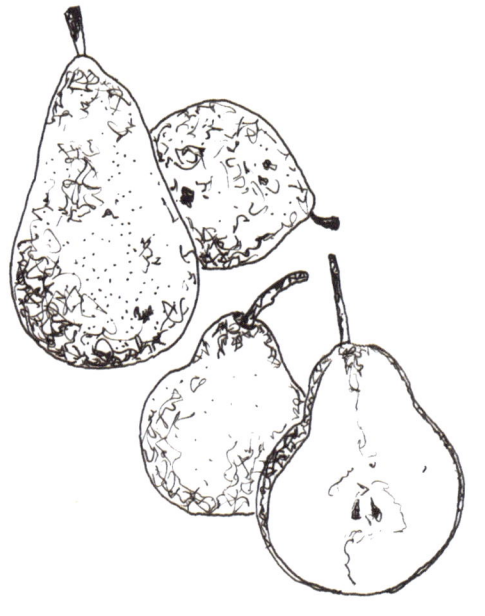

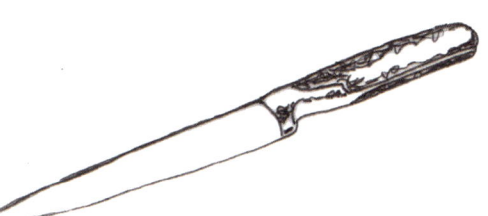

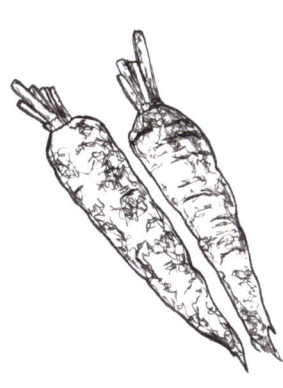

Kochen durchs Jahr

... mit vielen Rezepten für jede Jahreszeit, das ist der Inhalt meines Saisonkochbuchs. Die Rezepte sind ganz einfach nach-kochbar und alle Reste lassen sich noch einmal verwerten – das bietet Ihnen die Basis für Ihre eigene Kreativität. Und die steckt in jedem von Ihnen. Ich habe mein Buch aber nicht nach den gängigen Kalenderjahreszeiten Frühling, Sommer, Herbst und Winter eingeteilt, sondern nach den »natürlichen« Jahreszeiten. Diese beginnen und enden nicht überall gleich, sie richten sich vielmehr nach dem Klima am jeweiligen Ort.

Daher finden Sie in den Rezepten vorwiegend Zutaten für eine saisonale und regionale Küche, die dabei helfen, aus einer Fülle von Angeboten verantwortungsbewusst gegenüber der Natur und preiswert auszuwählen, denn gutes Essen muss gar nicht teuer sein!

Bereiten Sie doch mit Lust zum Beispiel aus einem Erdäpfel-teig gleich verschiedene Gerichte zu, mithilfe von Rezepten, die Zeit sparen und als raffiniertes »Resteessen« auch noch am nächsten Tag gut schmecken. Mein oberstes Ziel ist immer: Alles verwerten und nichts wegwerfen! Entdecken Sie daher mit Experimentierfreude auch Alltägliches immer wieder neu und verwenden Sie Zutaten, die wir manchmal kaum noch wahrnehmen.

Ich wünsche Ihnen viel Spaß beim Kochen und Ausprobieren!

Ihre

Sarah Wiener

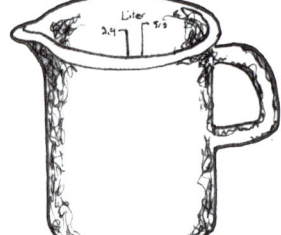

Frühling

Frühlingssalat mit Quinoa, Radieschen und weißen Bohnen

Für die Bohnen:
150 g getrocknete große weiße Bohnen

Für das Dressing:
Saft und abgeriebene Schale von
2 unbehandelten Zitronen
2 EL Apfel-Direktsaft
1 TL mittelscharfer, grober Senf
6 EL Rapsöl
unbehandeltes Salz
schwarzer Pfeffer aus der Mühle

Für die Quinoa:
180 g rote Quinoa
unbehandeltes Salz

Außerdem:
2 Bund Radieschen
unbehandeltes Salz
schwarzer Pfeffer aus der Mühle
3 Beete Kresse (z. B. Brunnen-,
Garten- oder Shiso-Kressse)

Für 4 Personen
Zubereitungszeit: ca. 1 Std. 10 Min.
+ über Nacht Einweichen

Für die Bohnen: Bohnen über Nacht in Wasser einweichen. Am nächsten Tag abgießen, in einem Topf mit frischem Wasser bedecken und aufkochen. Dabei die Bohnen nicht salzen, sonst werden sie nicht weich. Die Bohnen zugedeckt bei schwacher Hitze in etwa 1 Std. weich garen, dann abgießen und abtropfen lassen.

Für das Dressing: Zitronen- und Apfelsaft sowie Zitronenschale und Senf mit einem Schneebesen zügig verrühren. Der Senf sorgt als Emulgator dafür, dass sich Wasser und Öl besser verbinden. Dann das Öl in dünnem Strahl unter Rühren zugießen, sodass ein sämiges Dressing entsteht.

Für die Quinoa: Die Quinoa in reichlich Salzwasser bei mittlerer Hitze etwa 10 Min. kochen. In ein feines Sieb abgießen, kalt waschen und abtropfen lassen.

Die Radieschen putzen, waschen und längs halbieren. Mit Quinoa und Bohnen mischen. Das Dressing über den Salat träufeln und alles mit etwas Salz und Pfeffer abschmecken. Die Kresse vom Beet schneiden, den Salat auf einer schönen Servierplatte anrichten und mit der Kresse bestreuen.

ALLES VERWERTEN: *Gern ersetze ich die Quinoa auch durch Hirse, eines unserer vergessenen Getreide. Dabei ist Hirse besonders gesund und liefert viel Kieselsäure, die wir für Haut, Haare und Nägel benötigen. Ich koche die Hirse in reichlich Salzwasser und probiere immer wieder, bis mir die Konsistenz der Körner gefällt. Warte ich zu lange, kocht die Hirse zu Brei und ist für Salat nicht mehr geeignet. Dann lassen sich noch Bratlinge oder eine Füllung für Gemüse (S. 83) daraus herstellen.*

Vogelmiere mit pochiertem Landei

Für das Ei:
6 EL Apfelessig
2 Prisen unbehandeltes Salz
4 sehr frische Bio-Eier

Für das Dressing:
4 EL Apfelessig
1 TL Senf
4 EL klare Gemüsesuppe (Tipp S. 60)
4 EL Rapsöl
unbehandeltes Salz
schwarzer Pfeffer aus der Mühle

Für den Salat:
3 Handvoll Vogelmiere (ersatzweise
junger Salat)
1 Kopf Radicchio
1 EL geröstete Sesamsamen

Für 4 Personen
Zubereitungszeit: ca. 40 Min.

Für das Ei: Wasser etwa 10 cm hoch in einen kleinen Topf füllen und mit Essig und etwas Salz aufkochen. Jeweils 1 Ei in eine Tasse aufschlagen. Mit einem Löffel im Kochwasser rühren, bis ein Strudel entsteht, und das Ei aus der Tasse in die Mitte des Strudels gleiten lassen. Das Ei bei schwacher Hitze darin etwa 4 Min. garziehen lassen. Dann mit einer Schaumkelle aus dem Wasser heben und abtropfen lassen.

Für das Dressing: Essig, Senf, Suppe und Öl in ein Marmeladenglas geben, dieses gut verschließen und so lange schütteln, bis ein sämiges Dressing entstanden ist. Mit etwas Salz und Pfeffer abschmecken. Einige Blätter gewaschene und trocken geschleuderte Vogelmiere in das Dressing tauchen und probieren. Schmeckt es gut, ist das Dressing fertig. Probieren Sie ein Dressing nie pur vom Löffel – so ist es zu intensiv. Wenn es pur gut schmeckt, wird es mit Salat meist zu mild erscheinen.

Für den Salat: Vogelmiere und Radicchio waschen und gut trocken schleudern. Radicchio etwas kleiner zupfen und mit der Vogelmiere mischen. Den Salat auf Tellern anrichten und in die Mitte jeweils ein pochiertes Ei setzen. Mit geröstetem Sesam bestreuen und servieren. Ein paar Croûtons aus altem Brot oder geröstete Nüsse ergänzen die Vorspeise.

MEIN TIPP: *Im Frühling passen eingelegte Löwenzahnknospen zu Salaten. Die mache ich am liebsten selbst: Dafür eine große Tasse noch geschlossene Knospen waschen und trocken tupfen, Stiele und abstehende Kelchblätter entfernen. 1/8 l Weißweinessig mit 1/2 TL unbehandeltem Salz erhitzen und die Knospen darin einmal aufkochen. Dann abseihen und den Sud auffangen. Die Knospen mit ein paar schwarzen Pfefferkörnern in saubere Gläser füllen. Den Sud nochmals aufkochen und darübergießen, falls nötig, mit kochendem Essig auffüllen. Die Gläser gut verschließen und die Knospen kühl und dunkel etwa 2 Wochen ziehen lassen.*

Pastinaken-Brennnessel-Suppe mit Blätterteigstangerl

Für die Suppe:

1 Handvoll junge Brennnesselspitzen
etwas Vogerlsalat
2 Blattpetersilienstiele
250 g Pastinaken
1 Schalotte
1 EL Bio-Sauerrahmbutter
750 ml Bio-Vollmilch
unbehandeltes Salz
schwarzer Pfeffer aus der Mühle
frisch geriebene Muskatnuss

Für die Stangerl:

1 Blätterteigplatte (ca. 30 x 30 cm; Kühl-
regal oder von einem guten Bäcker)
90 g romanische Paste (ersatzweise
getrocknete Paradeiser mit Oliven und
Knoblauch fein pürieren)
Mehl für die Arbeitsfläche

Für 4 Personen
Zubereitungszeit: ca. 45 Min.
+ 12 Min. Backen

Für die Suppe: Die jungen Brennnesseln mit Handschuhen und Schere ernten. Brennnesseln, Vogerlsalat und Blattpetersilie mit kochendem Wasser übergießen, sofort kalt abschrecken und abtropfen lassen. Das Blanchieren zerstört die stechenden Nesselzellen und erhält die grüne Farbe der Blätter.

Pastinaken und Schalotte schälen, in Würfel schneiden und in der zerlassenen Butter andünsten. Etwas Wasser dazugeben und die Pastinaken in 10 Min. weich garen. Die Milch dazugießen und alles kurz aufkochen. Brennnesseln, Vogerlsalat und Blattpetersilie in den Küchenmixer geben, Pastinaken samt Milch hinzufügen und alles sehr fein pürieren. Mit etwas Salz, Pfeffer und Muskat abschmecken.

Für die Stangerl: Den Backofen auf 200 °C vorheizen. Ein Backblech mit Backpapier auslegen. Die Blätterteigplatte halbieren, eine Hälfte auf der bemehlten Arbeitsfläche ausrollen und dünn mit der Paste bestreichen. Die zweite Teigplatte ebenso groß ausrollen, auf die bestrichene Platte legen und leicht andrücken. Mit einem scharfen Messer in 2 cm dicke Streifen schneiden, die Streifen längs verdrehen und auf das Backblech setzen. Im heißen Ofen in 8–12 Min. knusprig braun backen. Herausnehmen und abkühlen lassen.

Die Suppe in vorgewärmte Tassen oder Suppenteller füllen und die Blätterteigstangerl dazu reichen. Nach Belieben mit Vogerlsalat garnieren.

MEIN TIPP: *Diese Suppe liebe ich, weil sie den Winter mit dem Frühling verbindet. Die Pastinake liegt noch im Keller und möchte endlich verarbeitet werden. Die Brennnessel ist eines der ersten Frühjahrskräuter – eine schöne Brücke zwischen den Jahreszeiten.*

Bratlinge aus Wurzelwerk
mit Radieschendip und Kräutersalat

Für die Bratlinge:

50 g Buchweizenbulgur (ersatzweise Weizenbulgur)

200 g vorwiegend festkochende Erdäpfel (z. B. Atlas)

200 g Pastinaken

200 g Karotten

100 g Rote Bete

1 Bio-Ei

unbehandeltes Salz

schwarzer Pfeffer aus der Mühle

etwas Rapsöl zum Braten

Für den Dip:

1 Bund Radieschen

150 g Bio-Topfen (20 % Fett)

unbehandeltes Salz

schwarzer Pfeffer aus der Mühle

Mineralwasser nach Bedarf

Für den Salat:

100 g gemischte Kräuter und Salatblätter (z. B. Sauerampfer, Kerbel, Basilikum, Blattpetersilie, junger Mangold)

etwas Zitronensaft

etwas Walnuss- oder Rapsöl

Für 4 Personen
Zubereitungszeit: ca. 45 Min.

Für die Bratlinge: In einem Topf 50 ml Wasser aufkochen, vom Herd nehmen und den Bulgur einrühren. Den Bulgur zugedeckt etwa 10 Min. ausquellen lassen. Inzwischen das Gemüse schälen und grob raspeln. Die Gemüseraspel in einer Schüssel mit Ei und Bulgur gut verrühren und mit etwas Salz und Pfeffer würzen.

Etwas Öl in einer beschichteten Pfanne erhitzen, je 1 gut gehäuften EL Bratlingmasse hineingeben und leicht flach drücken. Es sollen etwa zwölf Bratlinge werden. Bei mittlerer Hitze goldgelb und knusprig braten – dabei nur einmal wenden, sie zerfallen sonst leicht. Die Bratlinge herausnehmen und kurz auf Küchenpapier abtropfen lassen.

Für den Dip: Die Radieschen putzen und waschen. Erst in Scheiben, dann in Stifte schneiden und mit dem Topfen verrühren. Mit etwas Salz und Pfeffer abschmecken. Ist der Dip zu kompakt, noch etwas Mineralwasser unterrühren.

Für den Salat: Die Kräuter und Salatblätter waschen, trocken schleudern und auf Tellern anrichten. Mit ein paar Spritzern Zitronensaft und Öl beträufeln. Mehr braucht es nicht, da die Kräuter im Geschmack so intensiv und verschieden sind, dass ein Dressing überflüssig ist. Die Bratlinge neben dem Salat anrichten und mit dem Radieschendip garnieren.

ALLES VERWERTEN: *Wurzelgemüse lässt sich gut lagern. Das Gemüse in Zeitungspapier einschlagen, dicht an dicht in luftdurchlässige Holzkisten packen und in den kalten Keller oder in die Garage stellen. Das Gemüse für die Bratlinge passe ich immer wieder den Jahreszeiten an: Hervorragend eignen sich dafür auch Kürbis, Petersilienwurzel oder Sellerie.*

Geschmortes und Kurzgebratenes vom Kaninchen mit Bohnenpüree

Für das Püree:

200 g getrocknete weiße Bohnen,
über Nacht in Wasser eingeweicht
1 Lorbeerblatt
2 Thymianzweige
100 ml Bio-Vollmilch
1–2 EL Bio-Sauerrahmbutter
unbehandeltes Salz
schwarzer Pfeffer aus der Mühle
frisch geriebene Muskatnuss
3 EL gequetschter Mohn

Für das geschmorte Kaninchen:

je 2 Kaninchenkeulen und -vorderläufe
unbehandeltes Salz
schwarzer Pfeffer aus der Mühle
2 EL Rapsöl
150 g Knollensellerie
je 1 Karotte, Zwiebel und Fenchelknolle
100 g Champignons
100 ml Weißwein, 125 ml Hühnersuppe
4 EL eingelegte Löwenzahnknospen
(Tipp S. 13; ersatzweise Kapern)
1 EL Bio-Crème-fraîche

Für das kurzgebratene Kaninchen:

2 Hasenrückenfilets mit Bauchlappen
1 TL okzitanische Paste (ersatzweise
Kräuter der Provence), 2 EL Rapsöl

Für 4 Personen
Zubereitungszeit: ca. 1 Std. 10 Min.
+ 15 Min. Backen.

Für das Püree: Bohnen abgießen, in einem Topf mit frischem Wasser bedecken und aufkochen. Lorbeer und Thymian dazugeben und die Bohnen in etwa 1 Std. weich kochen. Abgießen, Kräuter entfernen und alles fein pürieren. So viel Milch und Butter dazugeben, bis die gewünschte Konsistenz erreicht ist. Mit etwas Salz, Pfeffer, Muskat und Mohn abschmecken.

Für das geschmorte Kaninchen: Keulen und Vorderläufe am Gelenk halbieren und mit etwas Salz und Pfeffer würzen. Das Öl in einer Pfanne erhitzen und die Kaninchenteile darin rundherum scharf anbraten, herausnehmen. Gemüse schälen beziehungsweise putzen, waschen und etwa haselnussgroß würfeln. Pilze putzen, falls nötig, waschen (S. 112) und vierteln. Das Gemüse in der Pfanne im übrigen Fett etwa 5 Min. anbraten. Mit Wein und Suppe auffüllen, erst Kaninchenteile, dann Löwenzahnknospen und Pilze dazugeben. Alles zugedeckt etwa 20 Min. köcheln. Dann Crème fraîche einrühren.

Für das kurzgebratene Kaninchen: Den Backofen auf 120 °C vorheizen. Die Bauchlappen innen mit der Paste einreiben und um die Filets wickeln. Die Filets in einer Pfanne im heißen Öl rundherum scharf anbraten, auf ein Backblech setzen und im heißen Ofen etwa 15 Min. garen.

Jeweils etwas Bohnenpüree auf vorgewärmte Teller setzen, die Kaninchenfilets aufschneiden und auf dem Püree anrichten. Das geschmorte Kaninchen dazu reichen.

ALLES VERWERTEN: *Kaufen Sie Kaninchen am besten im Ganzen, dann sind auch meist die Innereien dabei. Aus der Leber lässt sich eine gute Paté (S. 20) herstellen, Herz und Magen können für Fleischsuppen verwendet werden.*

Kaninchenleber-Paté & gefüllte Rote Beten mit Salsa

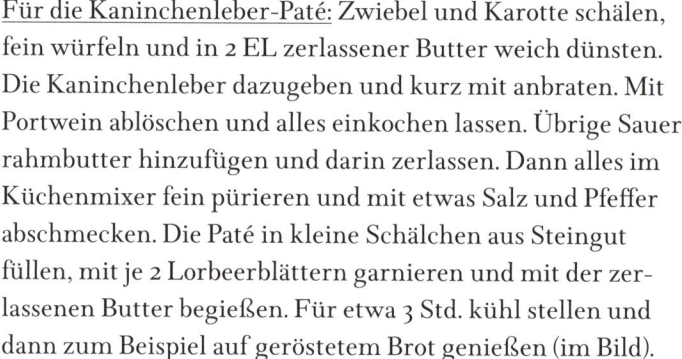

Für die Kaninchenleber-Paté:
1 kleine Zwiebel
1 kleine Karotte
150 g Bio-Sauerrahmbutter
150 g Kaninchenleber (Tipp S. 19)
40 ml Portwein
unbehandeltes Salz
schwarzer Pfeffer aus der Mühle
mehrere Lorbeerblätter
etwas zerlassene Bio-Sauerrahmbutter

Für 4 Personen
Zubereitungszeit: ca. 20 Min.
+ 3 Std. Kühlen

Für die gefüllten Roten Beten mit Salsa:
4 vorgekochte Rote Beten (vakuumiert)
4 EL Bohnenpüree (S. 19)
200 g Vogerlsalat
100 g Bio-Joghurt (3,5 % Fett)
Saft und abgeriebener Schale von
1 unbehandelten Zitrone
unbehandeltes Salz
schwarzer Pfeffer aus der Mühle
Rapsöl zum Garnieren

Für 4 Personen
Zubereitungszeit: ca. 30 Min.
+ 20 Min. Backen

<u>Für die Kaninchenleber-Paté:</u> Zwiebel und Karotte schälen, fein würfeln und in 2 EL zerlassener Butter weich dünsten. Die Kaninchenleber dazugeben und kurz mit anbraten. Mit Portwein ablöschen und alles einkochen lassen. Übrige Sauerrahmbutter hinzufügen und darin zerlassen. Dann alles im Küchenmixer fein pürieren und mit etwas Salz und Pfeffer abschmecken. Die Paté in kleine Schälchen aus Steingut füllen, mit je 2 Lorbeerblättern garnieren und mit der zerlassenen Butter begießen. Für etwa 3 Std. kühl stellen und dann zum Beispiel auf geröstetem Brot genießen (im Bild).

<u>Für die Roten Beten mit Salsa:</u> Den Backofen auf 100 °C vorheizen. Von den Roten Beten einen Deckel abschneiden, die Knollen aushöhlen und in eine ofenfeste Form setzen. Das Innere der Roten Beten fein würfeln, mit dem Bohnenpüree mischen und in die Roten Beten füllen. Die Deckel aufsetzen und die Beten im heißen Ofen etwa 20 Min. erwärmen.

Inzwischen für die Salsa den Vogerlsalat waschen, trocken schleudern und einige Blätter beiseitestellen. Den übrigen Salat mit Joghurt, Zitronensaft und -schale im Küchenmixer zu einer grünen Sauce fein pürieren und mit etwas Salz und Pfeffer abschmecken. Die Salsa auf vier Suppenteller verteilen, jeweils eine Rote Bete in die Mitte setzen und mit beiseitegestellten Vogerlsalatblättern und einigen Tropfen Öl garnieren (ohne Abbildung).

ALLES VERWERTEN: *Falls von den gefüllten Roten Beten etwas übrig bleibt, schmeckt es auch am nächsten Tag kalt zu frisch gekochten Erdäpfeln in der Schale.*

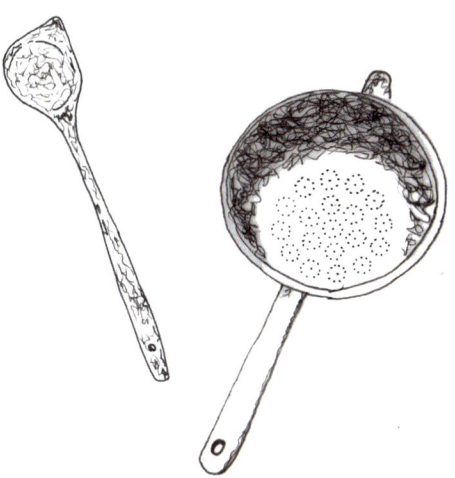

Alles verwerten

*Rührteigkuchen schmeckt meist nur am ersten oder zweiten Tag gut. Reste
von Rührkuchen brate ich daher noch mal in verquirltem Ei heraus. Dafür
schneide ich den Kuchen in etwa 2 cm dicke Scheiben. Etwas Bio-Vollmilch mit 1 Bio-Ei verquirlen, die Kuchenscheiben darin wenden und in
einer Pfanne in etwas Butter von beiden Seiten goldbraun braten.*

Weißer Schokoladen-Mohn-Kuchen

75 g weiße Kuvertüre
130 g Rohrzucker
1 EL Vanillezucker (Tipp unten)
190 g weiche Bio-Butter
3 Bio-Eier
150 ml Bio-Vollmilch
230 g Mehl
75 g gemahlene Mandeln
40 g gequetschter Mohn
1 Päckchen Backpulver
100 g Staubzucker
2 EL Orangensaft
Bio-Butter für die Form

Für 1 Rehrücken- oder Kastenform
Zubereitungszeit: ca. 20 Min.
+ 1 Std. Backen + 1 Std. Trocknen

Den Backofen auf 175 °C vorheizen. Die Form mit Butter
einstreichen. Für den Teig die Kuvertüre hacken und mit
Zucker, Vanillezucker, Butter, Eiern und Milch in einer
Schüssel mit den Schneebesen des Handrührgeräts solange
verrühren, bis sich der Zucker vollständig aufgelöst hat.
Anschließend Mehl, Mandeln, Mohn und Backpulver nach
und nach dazugeben und alles zu einem glatten Teig rühren.
Den Teig in die Form füllen und den Kuchen im heißen Ofen
(Mitte) 50–60 Min. backen. Kuchen aus dem Ofen nehmen,
auf einem Kuchengitter abkühlen lassen und danach stürzen.

Für den Guss den Staubzucker mit dem Orangensaft gründlich verrühren und den Kuchen damit bestreichen. Den Guss
etwa 1 Std. trocknen lassen, dann können Sie den Kuchen anschneiden und servieren.

ALLES VERWERTEN: *Vanillezucker können Sie auch ganz
einfach selbst machen: Dafür 2 ausgekratzte Vanillestangen in
etwa 500 g Rohrzucker einlegen und etwa 14 Tage ziehen lassen.
Dann alles im Küchenmixer fein mahlen. Den Zucker durch ein
Sieb geben und in saubere Gläser füllen. Er hält sich unbegrenzt,
sollte wegen des Aromas aber innerhalb von 6 Monaten ver-
braucht werden.*

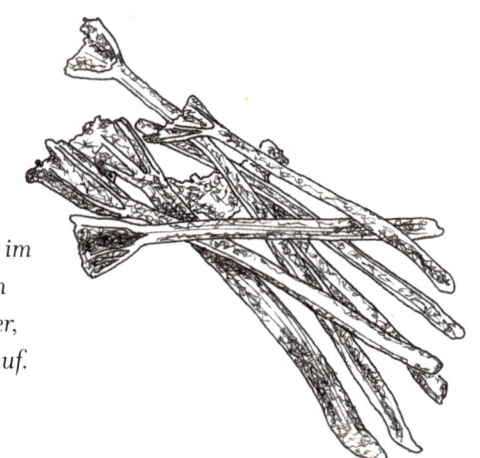

Alles verwerten

Rhabarber ist ein tolles Gemüse – leider gibt es ihn nur sehr kurze Zeit im Jahr. Daher esse ich ihn nicht nur, sondern stelle mir daraus auch gleich eine köstliche Rhabarberlimonade her. Dafür wasche ich den Rhabarber, gebe ihn durch einen Entsafter und gieße den Saft mit Mineralwasser auf. Zuletzt süße ich den Saft mit etwas Honig.

Rhabarbersuppe mit Mehlklüten

Für die Suppe:

4 Stangen rotschaliger Rhabarber (z. B. Himbeerrhabarber)
100 ml Apfel-Direktsaft
20 g Ingwer (in Scheiben)
1 Zimtstange
Rohrzucker nach Geschmack

Für die Mehlklüten:

1 Vanillestange
100 g Mehl
1 Bio-Ei
30 g Rohrzucker
abgeriebene Schale von
1 unbehandelten Zitrone
unbehandeltes Salz

Für 4 Personen
Zubereitungszeit: ca. 30 Min.

Für die Suppe: Den Rhabarber putzen, in 1 cm dicke Stücke schneiden und mit den restlichen Zutaten in einem Topf aufkochen. Dabei so viel Apfelsaft zugießen, dass der Rhabarber fast bedeckt ist. Nach 5–8 Min. beginnt der Rhabarber zu zerfallen, dann den Topf vom Herd nehmen.

Für die Mehlklüten: Die Vanillestange längs aufschlitzen und das Mark mit einem scharfen Messer herauskratzen, die Stange entfernen. Mehl, Ei, Zucker und Zitronenschale mit einem Schneebesen verrühren. Vanillemark und 1 Prise Salz zum Teig geben und beides gut unterrühren.

Die Rhabarbersuppe wieder vorsichtig aufkochen. Mit zwei Esslöffeln vom Teig Nockerl abstechen und im köchelnden Rhabarber etwa 4 Min. garziehen lassen. Die Klüten sind etwas festere Nockerl, etwa wie Spätzle, nur größer. Die Suppe warm oder kalt servieren. Wird die Suppe im kalten Zustand zu fest, geben Sie etwas Vanillesauce (S. 157) dazu.

ALLES VERWERTEN: *Aus der ausgekratzten Vanillestange lässt sich selbst gemachter Vanillezucker herstellen (Tipp S. 23).*

Alles verwerten

»Quer durch den Garten« ist bei diesem Eintopf wörtlich gemeint. Lassen Sie sich durch die hier angegebenen Zutaten nicht festlegen. Schauen Sie einfach in Ihren Garten oder auf den Markt und ersetzen Sie das eine oder andere Gemüse – je nachdem, was reif gerade ist. Auch Karfiol, Brokkoli, Fenchel oder Paradeiser passen hervorragend in diesen Eintopf.

Frühlingseintopf »Quer durch den Garten«

Für den Eintopf:
2 junge Karotten
1 kleiner Kohlrabi
je 2 Stangen weißer und grüner Spargel
2 Frühlingszwiebeln (nur das Weiße)
2 festkochende Erdäpfel
2 EL Bio-Sauerrahmbutter
100 ml Weißwein
unbehandeltes Salz
schwarzer Pfeffer aus der Mühle

Außerdem:
1 Handvoll junge grüne Erbsen
10 Zuckerschoten
2 Frühlingszwiebeln (nur das Grüne)
1 Bund Blattpetersilie
frisch geriebene Muskatnuss

Für 4 Personen
Zubereitungszeit: ca. 1 Std.

Für den Eintopf: Gemüse und Erdäpfel schälen beziehungsweise putzen, waschen und gleichmäßig in dünne Scheiben schneiden. Die Butter in einem großen Topf zerlassen und das Gemüse darin etwa 5 Min. anschwitzen. Den Wein zugießen und das Gemüse mit so viel Wasser auffüllen, dass es knapp bedeckt ist. Alles etwa 15 Min. köcheln lassen.

Inzwischen die Erbsen und die Zuckerschoten waschen, die Zuckerschoten vierteln. Beides unter die Suppe heben. Frühlingszwiebelgrün und Blattpetersilie waschen, trocken schütteln und grob hacken. Beides mit Muskatnuss kurz vor dem Servieren zur Suppe geben und alles nochmals aufkochen.

MEIN TIPP: *Wenn ich den Eintopf etwas kräftiger mag, fülle ich das Gemüse mit klarer Rindersuppe auf. Ich lasse beim Kochen auch ausnahmsweise den Deckel weg. Dadurch bleibt das grüne Gemüse grün und verfärbt sich nicht unansehnlich bräunlich.*

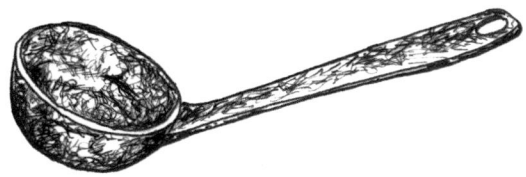

Mai/Juni

Spargel Royal mit Tatar von der geräucherten Bachforelle

Für den Spargel:
250 g weißer Spargel (am besten Spargelbruch)
2 Schalotten
3 EL Rapsöl
200 ml klare Gemüsesuppe (Tipp S. 60)
100 g Bio-Obers
4 Bio-Eidotter
unbehandeltes Salz
schwarzer Pfeffer aus der Mühle
frisch geriebene Muskatnuss

Für das Tatar:
250 g geräucherte Bachforellenfilets
1 kleiner Apfel (z. B. Elstar)
2 Schalotten
Saft und abgeriebene Schale von 1/2 unbehandelten Zitrone
unbehandeltes Salz
schwarzer Pfeffer aus der Mühle
1/2 Bund Schnittlauch
4 TL Bio-Crème-fraîche
Rapsöl für die Ringe

Für 4 Personen
Zubereitungszeit: ca. 1 Std.
+ 35 Min. Backen

Für den Spargel: Den Spargel schälen, die holzigen Enden entfernen und die Stangen in grobe Stücke schneiden. Die Schalotten schälen, in Scheiben schneiden und in einem Topf im heißen Öl andünsten. Mit der Suppe ablöschen und einmal aufkochen. Die Spargelstücke dazugeben und alles zugedeckt etwa 15 Min. köcheln lassen.

Den Backofen auf 150 °C vorheizen. Den Spargel mit Suppe und Schalotten in einen Küchenmixer füllen, Obers und Eidotter dazugeben und alles fein pürieren. Mit etwas Salz, Pfeffer und Muskat abschmecken, in vier ofenfeste Schalen gießen und im heißen Ofen in etwa 35 Min. stocken lassen.

Für das Tatar: Die Forellenfilets häuten und klein würfeln. Den Apfel schälen, vierteln und entkernen. Die Schalotten schälen, mit dem Apfel klein würfeln und zur Forelle geben. Das Tatar mit Zitronensaft und -schale, etwas Salz und Pfeffer abschmecken. Den Schnittlauch waschen, trocken schütteln, in feine Röllchen schneiden und zum Tatar geben. Vier Portionsringe (ca. 4 cm Ø) innen mit Öl einstreichen, mit dem Tatar füllen und je 1 TL Crème fraîche obenauf setzen. Das Tatar jeweils auf die Royal setzen, aus den Ringen lösen und das Ganze nach Belieben mit geröstetem Brot servieren.

MEIN TIPP: *Wenn ich Spargel als Gemüsebeilage zubereite, koche ich ihn nicht in Wasser, sondern wickle ihn mit etwas Salz, Pfeffer, Butter und Zitronensaft gewürzt in Backpapier und gare ihn im auf 160 °C vorgeheizten Backofen etwa 20 Min. Wenn es ganz schnell gehen soll, brate ich Spargel einfach in Scheiben geschnitten in der Pfanne mit 1 TL Butter an und lösche mit etwas Wasser und Orangensaft ab. Mit dieser Methode ist der Spargel in nur knapp 3 Min. fertig!*

Mai/Juni

Spargel in Blätterteig mit Radieschensalat

Für die Spargelkuchen:
je 8 Stangen weißer und grüner Spargel
1 EL Bio-Sauerrahmbutter
Saft und abgeriebene Schale
von 1/2 unbehandelten Orange
unbehandeltes Salz
1 Blätterteigplatte (je ca. 30 x 40 cm;
Kühlregal oder von einem guten Bäcker)
4 EL Bio-Sauerrahm
einige Estragon- oder Kerbelstiele

Für den Radieschensalat:
2 Bund Radieschen
Saft und abgeriebene Schale
von 1/2 unbehandelten Zitrone
1 Bund Schnittlauch
4 EL Rapsöl
unbehandeltes Salz
schwarzer Pfeffer aus der Mühle

Für 4 Personen
Zubereitungszeit: ca. 45 Min.
+ 10 Min. Backen

Für die Spargelkuchen: Den weißen Spargel ganz, den grünen nur im unteren Drittel schälen und die holzigen Enden dabei entfernen. Die Butter in einer Pfanne zerlassen und die Spargelstangen darin rundherum anbraten. Dann Orangensaft und -schale dazugeben und mit etwas Salz würzen.

Den Backofen auf 220 °C vorheizen. Ein Backblech mit Backpapier auslegen. Die Blätterteigplatte noch etwas ausrollen und in vier Rechtecke schneiden. Jeweils 1 EL Sauerrahm in der Mitte der Blätterteigrechtecke verteilen und darauf längs je vier Stangen Spargel, abwechselnd weiß und grün, legen. Mit Fond aus der Pfanne beträufeln und die Spargelkuchen im heißen Ofen etwa 10 Min. backen, bis der Blätterteig schön aufgegangen und gebräunt ist. Inzwischen Estragon oder Kerbel waschen, trocken schütteln, die Blättchen abzupfen und nach dem Backen über die Spargelkuchen streuen.

Für den Radieschensalat: Die Radieschen putzen, waschen und in feine Scheiben schneiden. Mit Zitronensaft und -schale mischen. Den Schnittlauch waschen, trocken schütteln und in feine Röllchen schneiden. Schnittlauch und Öl zu den Radieschen geben und den Salat mit etwas Salz und Pfeffer würzen. Die Spargelkuchen mit dem Radieschensalat servieren.

ALLES VERWERTEN: *Das ist ein einfaches, aber schmackhaftes Gericht, welches sich – komplett oder als Rest – auch gut für ein Picknick anbietet. Motto: Frühsommer im Herzen, in der Natur und auf dem Teller!*

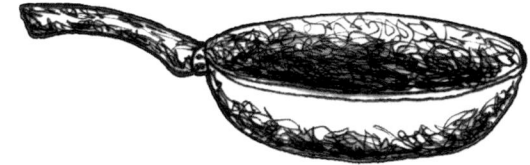

Alles verwerten

Bleibt vom Schafskäse einmal etwas übrig, zerbrösele ich ihn und mische ihn mit Resten von den anderen Zutaten. Die Mischung streue ich über Salat oder frisch gemachte Pasta.

Schafskäse im Pergament

2 grüne Peperoni
2 Knoblauchzehen
1 Frühlingszwiebel
1 Majoranzweig
4 Bio-Schafskäse (à ca. 150 g; Feta)
4 getrocknete Paradeiser
schwarzer Pfeffer aus der Mühle
4 EL natives Olivenöl
Küchengarn

Für 4 Personen
Zubereitungszeit: ca. 20 Min.
+ 15 Min. Backen

Den Backofen auf 180 °C vorheizen. Vier Bögen Backpapier nebeneinander auf die Arbeitsfläche legen. Peperoni, Knoblauch und Frühlingszwiebel schälen beziehungsweise putzen, waschen und in Scheiben schneiden. Den Majoran waschen, trocken schütteln und die Blättchen abzupfen. Jeweils einen Schafskäse in die Mitte der Backpapiere legen. Die getrockneten Paradeiser halbieren und mit dem Gemüse auf dem Schafskäse verteilen. Mit Pfeffer und Majoranblättchen bestreuen und mit dem Öl beträufeln.

Das Backpapier jeweils über dem Schafskäse zusammenschlagen, die Enden zusammenraffen und mit Küchengarn festbinden (falls nötig, mit einem Klammeraffen aus dem Bürobedarf fixieren). Die Päckchen auf ein Backblech setzen und im heißen Ofen etwa 15 Min. backen. Aus dem Ofen nehmen und sofort servieren.

MEIN TIPP: *Ich lasse meine Gäste die Päckchen immer selbst öffnen, damit ihnen der Duft direkt in die Nase steigen kann. Im Sommer wickele ich noch eine Lage Alufolie um die Päckchen und bringe sie gern zum Grillen mit.*

Alles verwerten

*Übrig gebliebene Nockerl zerdrücke ich mit einer Gabel und fülle damit
zum Beispiel verschiedene Gemüse (S. 83) oder Zucchiniblüten (S. 92).*

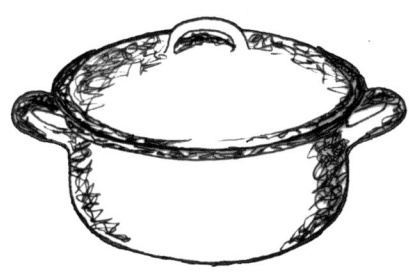

Ricotta-Basilikum-Nockerl

1 Bund Basilikum
200 g Bio-Ricotta
2 Bio-Eier
120 g geriebener Bio-Parmesan
80 g gemahlene Pinienkerne
100 g Semmelbrösel
unbehandeltes Salz
schwarzer Pfeffer aus der Mühle
frisch geriebene Muskatnuss
2 EL Bio-Sauerrahmbutter

Für 4 Personen
Zubereitungszeit: ca. 45 Min.
+ 3 Min. Backen

Das Basilikum waschen, trocken schütteln und grob hacken. Ricotta, Eier und 100 g Parmesan mit dem Basilikum gut verrühren. Die Pinienkerne und Semmelbrösel vorsichtig unterrühren und den Teig mit etwas Salz, Pfeffer und Muskat abschmecken.

Reichlich Salzwasser in einem großen Topf aufkochen. Mit zwei angefeuchteten Esslöffeln vom Teig sechs Nockerl abstechen und in das Wasser gleiten lassen. Die Nockerl darin bei schwacher Hitze etwa 10 Min. garziehen lassen. Wenn sie nach oben steigen, sind sie gar.

Inzwischen den Backofen auf 250 °C (Oberhitze) vorheizen. Die fertigen Nockerl jeweils mit einer Schaumkelle aus dem Wasser heben und in eine Auflaufform setzen. Die Butter in Flöckchen auf den Nockerln verteilen und den restlichen Parmesan darüberstreuen. Die Nockerl im heißen Ofen etwa 3 Min. überbacken, herausnehmen und zum Servieren mit Basilikum bestreuen. Nach Belieben etwas Blattsalat oder geschmorte Paradeiser dazu reichen.

Gefüllte Mairübchen und Bärlauchdinkel

Für den Dinkel:
1 Zwiebel
1 Bund Bärlauch
1 EL Rapsöl
240 g Dinkel
50 ml trockener Weißwein
500 ml klare Gemüsesuppe (Tipp S. 60)
unbehandeltes Salz
schwarzer Pfeffer aus der Mühle
50 g Bio-Crème-fraîche

Für die Rübchen:
4 Mairübchen (ersatzweise junge
Kohlrabi oder Teltower Rübchen)
unbehandeltes Salz
1 EL Bio-Sauerrahmbutter
4 Blattpetersilienstiele
schwarzer Pfeffer aus der Mühle
frisch geriebene Muskatnuss

Für 4 Personen
Zubereitungszeit: ca. 45 Min.

<u>Für den Dinkel:</u> Die Zwiebel schälen und in feine Würfel schneiden. Den Bärlauch waschen, trocken schütteln und grob hacken. Die Zwiebel in einem Topf im heißen Öl anschwitzen und den Dinkel dazugeben. Den Wein zugießen und vollständig einkochen lassen. Nach und nach die Suppe zugießen und gut umrühren, damit alles schön cremig wird. Den Dinkel mit etwas Salz und Pfeffer würzen und zugedeckt bei mittlerer Hitze in etwa 30 Min. gar kochen.

Sobald der Dinkel gar ist, den Bärlauch mit Crème fraîche pürieren und unter den Dinkel heben (dann nicht mehr kochen lassen, da sich der Bärlauch sonst grau verfärben kann!). Der Bärlauchdinkel sollte etwas cremig sein.

<u>Für die Rübchen:</u> Die Mairübchen schälen und mithilfe eines Kugelausstechers aushöhlen. Wer will, lässt ein paar dekorative Blätter stehen. Die Mairübchenkörbe in reichlich Salzwasser in 8–10 Min. weich garen, herausnehmen und beiseitestellen. Inzwischen die ausgestochenen Kugeln halbieren und in einer Pfanne in der zerlassenen Butter anbraten. Die Petersilie waschen, trocken schütteln und grob hacken. Die Petersilie zu den Mairübchenkugeln geben und alles mit etwas Salz, Pfeffer und Muskat abschmecken.

Den Bärlauchdinkel auf vorgewärmte Teller verteilen. Die Mairübchenkörbe auf den Dinkel setzen, mit den gebratenen Kugeln füllen und etwas Pfeffer darübermahlen. Nach Belieben noch ein paar Semmelbrösel in Butter anrösten und über die Mairübchen geben oder Kürbiskerne darüberstreuen.

ALLES VERWERTEN: *Mairübchen sind früh im Jahr reif und schmecken leicht nach Rettich und Radieschen. Sie sind sehr frisch und saftig. Reste von ungegarten Mairübchen eignen sich hervorragend für einen Salat oder Rohkost.*

Zander mit gebratenem Romanasalat und Löwenzahnknospen

Für die Salsa:
1 Estragonstiel
2 Blattpetersilienstiele
1 Knoblauchzehe, geschält
3 in Olivenöl eingelegte Sardellenfilets
2 Spritzer Zitronensaft
5 EL Leindotter- oder Rapsöl
schwarzer Pfeffer aus der Mühle

Für die Polenta:
1 Zwiebel
1 EL Bio-Sauerrahmbutter
400 ml klare Gemüsesuppe (Tipp S. 60)
75 g Maisgrieß (Polenta)
unbehandeltes Salz
schwarzer Pfeffer aus der Mühle

Für den Zander:
4 Zanderfilets (à ca. 120 g; ohne Schuppen oder Gräten)
unbehandeltes Salz
1 EL Mehl
Rapsöl zum Braten

Für den Salat:
4 Romanasalatherzen
2 EL Rapsöl
6 eingelegte Löwenzahnknospen (Tipp S. 13; ersatzweise 12 große Kapern)

Für 4 Personen
Zubereitungszeit: ca. 45 Min.

Für die Salsa: Estragon und Petersilie waschen, trocken schütteln und die Blättchen abzupfen. Mit den übrigen Zutaten im Küchenmixer zu einer Salsa pürieren.

Für die Polenta: Die Zwiebel schälen, in feine Würfel schneiden und in der zerlassenen Butter andünsten. Mit der Suppe auffüllen und aufkochen. Den Maisgrieß unter Rühren einrieseln lassen, die Hitze stark herunterschalten und die Polenta etwa 5 Min. ausquellen lassen. Dann salzen und pfeffern.

Für den Zander: Die Zanderfilets waschen und gut trocken tupfen. Rundherum salzen und auf der Hautseite mit Mehl bestreuen, überschüssiges Mehl abklopfen. Das Öl in eine beschichtete Pfanne geben und den Fisch auf der Hautseite hineinsetzen. Erst dann die Pfanne auf mittlere Temperatur erhitzen und den Fisch braten. So zieht sich der Fisch nicht zusammen und die Haut wird schön knusprig. Den Fisch nicht wenden, sondern auf der Hautseite fertig braten.

Für den Salat: Die Salatherzen längs halbieren, waschen und trocken schütteln. In einer Pfanne in Öl scharf anbraten, der Salat soll warm werden, aber nicht zusammenfallen. Mit der Schnittfläche nach oben anrichten und mit Salsa beträufeln. Die Löwenzahnknospen grob hacken und darüberstreuen, die Polenta und den Zander danebensetzen.

MEIN TIPP: *So wie ich den Fisch hier brate, ist es erst einmal ungewöhnlich und eigentlich hat man es ja auch anders gelernt. Versuchen Sie es aber trotzdem einmal. Der Fisch bleibt auf diese Weise schön saftig, die Haut wird knusprig und der Fisch kann nicht zerfallen, da er nicht gewendet werden muss.*

Mai/Juni

Alles verwerten

Aus übrigen Erdäpfeln lässt sich noch ein Erdäpfelreifen backen. Dafür 2–3 Erdäpfel pellen und durch die Erdäpfelpresse drücken. Mit 1 Eidotter, 1 EL Semmelbröseln und etwa 50 g geriebenen Bio-Käseresten mischen und in einen Backreifen oder eine Kranzform füllen. Im auf 200 °C vorgeheizten Backofen etwa 15 Min. backen. Dann herausnehmen und auf einen Teller stürzen. Den Erdäpfelreifen mit grünem Salat, gebratenem Gemüse vom Vortag oder Geschnetzeltem füllen.

Heringstopf mit neuen Erdäpfeln

Für den Heringstopf:
400 g eingelegtes Heringsfilet (z. B. aus Glückstadt)
2 säuerliche Äpfel (z. B. Elstar, Holsteiner Cox oder Boskoop)
100 g Gewürzgurken mit Einlegesud
2 Frühlingszwiebeln
4 Dillstiele
150 g Bio-Sauerrahm
unbehandeltes Salz
schwarzer Pfeffer aus der Mühle

Für die Erdäpfel:
500 g neue vorwiegend festkochende Erdäpfel

Für 4 Personen
Zubereitungszeit: ca. 45 Min.
+ 1 Std. Kühlen

<u>Für den Heringstopf:</u> Die Heringsfilets in etwa 2 cm große Stücke schneiden. Die Äpfel waschen, vierteln und in feine Scheiben schneiden, dabei vom Kerngehäuse befreien. Gewürzgurken ebenfalls in feine Scheiben schneiden. Frühlingszwiebeln putzen, waschen und in feine Ringe schneiden. Den Dill waschen, trocken schütteln und fein hacken. Heringstücke, Äpfel, Gurken und Frühlingszwiebeln in eine Schüssel geben und mit Sauerrahm, Dill und so viel Gewürzgurkensud verrühren, bis die gewünschte Konsistenz erreicht ist. Mit etwas Salz und Pfeffer abschmecken und für etwa 1 Std. kühl stellen.

<u>Für die Erdäpfel:</u> Erdäpfel waschen und in reichlich Wasser in etwa 30 Min. gar kochen. Abgießen, kalt abschrecken und abkühlen lassen. Heringssalat und Erdäpfel jeweils in Schüsseln geben und in die Mitte des Tisches stellen. Nach Belieben unbehandelte Zitronenspalten dazu reichen.

MEIN TIPP: *Am liebsten esse ich die Erdäpfel nur mit etwas Bio-Sauerrahmbutter und 1 Prise Salz, da könnte ich zur Not auch mal auf den Heringssalat verzichten. Den besten Erdäpfelsalat mache ich aus neuen Erdäpfeln, die in der Schale gegart sind. Also, kochen Sie ruhig einmal ein paar mehr.*

Eingelegte Zitronen salzig & süß

Für die salzig eingelegten Zitronen:
4 unbehandelte Zitronen
120 g grobes unbehandeltes Salz
4 Gewürznelken
1 TL Korianderkörner, geröstet
3 Lorbeerblätter
500 ml Zitronensaft

Für die süß eingelegten Zitronen:
1 kg unbehandelte Zitronen
500 g Rohrzucker
250 ml Bio-Molke

Für jeweils 1 großes Glas
Zubereitungszeit: jeweils 20 Min.
+ mehrere Wochen Ziehen

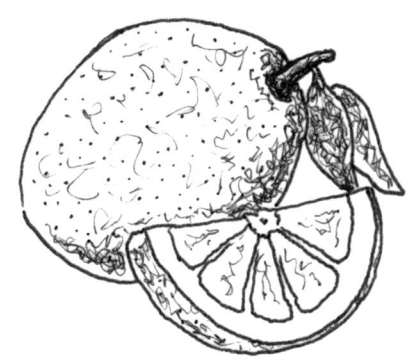

Für die salzig eingelegten Zitronen: Die Zitronen waschen, abtrocknen und kreuzweise bis zur Mitte einschneiden. Die Schnitte etwas auseinanderdrücken und mit Salz füllen. Die Zitronen dicht in hohe saubere Gläser füllen, die Gewürze dazugeben und alles mit so viel Saft auffüllen, dass die Zitronen komplett bedeckt sind. Das restliche Salz dazurieseln lassen, das Glas gut verschließen und die Zitronen bei Zimmertemperatur etwa 2 Monate ziehen lassen. Dabei das Glas mehrmals pro Woche drehen, damit sich das Salz komplett auflöst. Die Zitronen halten danach kühl gelagert etwa 8 Monate. Verwenden lassen sich hierbei nur Schale und Einlegesaft, das Innere der Zitronen ist ungenießbar.

Für die süß eingelegten Zitronen: Die Zitronen waschen, abtrocknen und vierteln. Mit dem Zucker dicht in hohe saubere Gläser schichten. Mit Molke aufgießen und mit einem Teller beschweren, damit die Zitronen nicht »aufschwimmen«. Die Gläser gut verschließen und die Zitronen bei Zimmertemperatur etwa 5 Tage gären lassen. Danach an einem dunklen kühlen Ort etwa 8–10 Wochen reifen lassen. Falls sich ein Hefefilm bildet, diesen einfach nach der Reifung entfernen. Hier sind Zitronen und Einlegewasser verwendbar. Nach dem Öffnen kühl aufbewahren.

ALLES VERWERTEN: *Aus den süß eingelegten Zitronen können Sie ganz einfach Zitronenlimonade mit Ingwer oder Minze herstellen: Für eine Ingwer-Zitronen-Limonade 3 Scheiben Ingwer, 4 Apfelschnitze, 2 Gurkenscheiben, 1 Stiel Koriandergrün mit 50 ml süßem Zitronenwasser sowie 1 l Mineralwasser gut mischen. Oder für eine Minze-Zitronen-Limonade 2 Marillen waschen, entsteinen und fein schneiden. Mit 3 Pfefferminzstielen in 50 ml süßen Zitronenwasser und 1 l Mineralwasser geben. Beide Limonaden vor dem Trinken für etwa 1 Std. kühl stellen.*

Sommer

Pikante Germteigschnecken mit dreierlei Füllung

Für den Teig:
1/2 Würfel frischer Germ (21 g)
250 ml lauwarmes Wasser
480 g Mehl, 1 TL unbehandeltes Salz
7 EL kalt gepresstes Olivenöl
Mehl für die Arbeitsfläche
Olivenöl zum Bestreichen

Für die Paprika-Pilz-Füllung:
50 g getrocknete Portobello-Pilze
(Riesenchampignons)
1 Frühlingszwiebel
1 in Öl eingelegte, gegrillte Paprika-
schote, 1 TL getrockneter Oregano
4 EL Olivenöl
3 Blattpetersilienstiele

Für die Marillen-Nuss-Füllung:
6 Marillen, 150 g Bio-Ziegenfrischkäse
10 Walnusshälften, 1 Bund Rucola

Für die Pestofüllung:
2 Knoblauchzehen
6 getrocknete Paradeiser
2 EL Pinienkerne, 1 Bund Basilikum
2 EL geriebener Bio-Hartkäse
2 EL schwarze Oliven ohne Stein
etwas Rapsöl

Für 4 Personen
Zubereitungszeit: ca. 45 Min.
+ 1,5 Std. Gehen + 30 Min. Ziehen
+ 15 Min. Backen

Für den Teig: Den Germ im lauwarmen Wasser auflösen, die übrige Zutaten dazugeben und alles gut verkneten. Den Teig zugedeckt an einem warmen Ort etwa 1 Std. gehen lassen. Dann nochmals gut durchkneten und zugedeckt an einem warmen Ort etwa 30 Min. gehen lassen.

Für die Paprika-Pilz-Füllung: Die Pilze in kochend heißem Wasser etwa 30 Min. ziehen lassen. Gut ausdrücken und fein würfeln. Frühlingszwiebel putzen, waschen und in Ringe schneiden. Paprika fein würfeln. Pilze, Frühlingszwiebel, Paprika und Oregano im heißen Öl anbraten. Inzwischen die Petersilie waschen, trocken tupfen und fein hacken. Alles mit etwas Salz und Pfeffer würzen und mit Petersilie mischen.

Für die Marillen-Nuss-Füllung: Marillen waschen, halbieren, entsteinen und fein würfeln. Den Ziegenkäse etwas zerkrümeln. Die Nüsse mit einem breiten Messer zerdrücken. Den Rucola waschen, trocken schleudern und in feine Streifen schneiden. Alle Zutaten für die Füllung gründlich mischen.

Für die Pestofüllung: Den Knoblauch schälen und mit übrigen Zutaten im Küchenmixer pürieren.

Den Backofen auf 200 °C vorheizen. Mehrere Backbleche mit Backpapier auslegen. Den Teig dritteln und jede Portion auf wenig Mehl dünn zu einem Quadrat (ca. 40 cm Seitenlänge) ausrollen. Teigplatten mit je 1 EL Füllung dünn bestreichen und eng aufrollen. Mit einem scharfen Messer in etwa 2 cm dicke Scheiben schneiden und diese auf die Bleche setzen. Falls der Teig am Messer klebt, das Messer kurz mit Wasser befeuchten. Die Schnecken mit Olivenöl bestreichen und im heißen Ofen in etwa 15 Min. goldbraun und knusprig backen.

Parmesan-Blini mit Kräutercreme und Sesamspinat

Für die Kräutercreme:
1 Bund Kräuter für Frankfurter grüne
Sauce (Borretsch, Pimpinelle, Kerbel,
Sauerampfer, Petersilie, Schnittlauch,
Zitronenmelisse)
50 ml Bio-Vollmilch
250 g Bio-Frischkäse
unbehandeltes Salz
schwarzer Pfeffer aus der Mühle

Für die Blini:
6 Bio-Eier
150 g geriebener Bio-Parmesan
100 g Mehl
2 TL Weinsteinbackpulver
etwas Rapsöl zum Braten

Für den Spinat:
600 g junger Spinat (ersatzweise
junge Brennnesseln)
2 EL Bio-Sauerrahmbutter
3 EL Sesamsamen
unbehandeltes Salz
schwarzer Pfeffer aus der Mühle
frisch geriebene Muskatnuss

Für 4 Personen
Zubereitungszeit: ca. 30 Min.

Für die Kräutercreme: Die Kräuter waschen, trocken schütteln und mit der Milch im Küchenmixer fein pürieren. Je länger die Kräuter püriert werden, desto grüner wird die Kräutercreme. Mit dem Frischkäse verrühren und mit etwas Salz und Pfeffer abschmecken.

Für die Blini: Die Eier schaumig aufschlagen und nacheinander Parmesan und Mehl einrieseln lassen. Zuletzt das Backpulver unterrühren. Etwas Öl in einer beschichteten Pfanne erhitzen und aus dem Teig darin acht kleine Blini goldbraun ausbacken. Die Blini auf Küchenpapier abtropfen lassen.

Für den Spinat: Den Spinat waschen und trocken schleudern. Die Butter in einer Pfanne zerlassen und den Sesam darin anrösten. Den Spinat dazugeben und kurz zusammenfallen lassen. Mit etwas Salz, Pfeffer und Muskat abschmecken.

Den Spinat auf vorgewärmten Tellern verteilen und jeweils einen Blini in der Mitte anrichten. Etwas Kräutercreme auf die Blini geben und je einen zweiten Blini daraufsetzen.

ALLES VERWERTEN: *Wenn ich etwas von der Kräutercreme übrig habe, schmeckt sie auch als Brotaufstrich oder als Dip für die Sommerrollen (S. 51).*

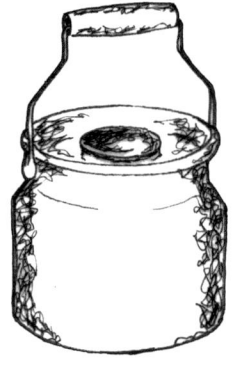

Sommerrollen aus Fladenbrot
mit mariniertem Salat

Für den Teig:
1 Würfel frischer Germ (42 g)
140 ml lauwarmes Wasser
500 g Mehl
2 EL zerlassene Bio-Sauerrahmbutter
3 Bio-Eier
3 Prisen unbehandeltes Salz
Mehl für die Arbeitsfläche

Außerdem:
1/4 Spitzkohl
unbehandeltes Salz
6 EL Rapsöl
1 Karotte, 1 rote Paprikaschote
5–6 Radieschen
8 EL Apfelessig
8 EL Apfel-Direktsaft
schwarzer Pfeffer aus der Mühle
1 Bund Schnittlauch
200 g Bio-Frischkäse

Für 4 Personen
Zubereitungszeit: ca. 1 Std. 10 Min.
+ 1 Std. 30 Min. Gehen + 1 Std. Ziehen

Für den Teig: Den Germ im lauwarmen Wasser auflösen und mit 3 EL Mehl mischen. Das restliche Mehl in eine große Schüssel geben und eine Mulde in die Mitte drücken. Die Germ-Wasser-Mischung in die Mulde geben und alles zugedeckt etwa 30 Min. gehen lassen.

Dann die restlichen Zutaten dazugeben und den Teig mindestens 10 Min. kräftig durchkneten. Zu einer glatten Kugel formen und zugedeckt an einem warmen Ort etwa 1 Std. gehen lassen. Den Teig wieder gut durchkneten, acht kleine Kugeln vom Teig abdrehen und auf wenig Mehl sehr dünn zu Kreisen (ca. 25 cm Ø) ausrollen. Die Fladenbrote in einer Pfanne ohne Fett von beiden Seiten je 1 Min. backen, bis sich erste goldbraune Flecken bilden.

Während der Teig ruht, den Spitzkohl putzen, halbieren und entstrunken. Dann die Hälften sehr fein hobeln und mit etwas Salz und Öl so lange kneten, bis Saft austritt. Die Karotte schälen und in sehr feine Scheiben schneiden. Die Paprika halbieren, putzen, waschen und in dünne Streifen schneiden. Die Radieschen putzen, waschen und in feine Scheiben schneiden. Das Gemüse mischen und mit Essig, Apfelsaft und Pfeffer würzen. Alles etwa 1 Std. ziehen lassen und dann nochmals abschmecken.

Den Schnittlauch waschen, trocken schütteln und in feine Röllchen schneiden. Die Fladen auf einer Seite vollständig mit dem Frischkäse bestreichen. Das marinierte Gemüse jeweils auf das untere Drittel der Fladen verteilen und den Schnittlauch darüberstreuen. Die Fladen von unten nach oben aufrollen. Der Frischkäse dient auch als Kleber, damit die Rollen gut zusammenhalten.

Pastasalat mit Kapernäpfeln und gebratenem Karfiol

Für die Marinade:
1 Schalotte
100 g in Öl eingelegte, getrocknete
Paradeiser mit Einlegeöl
100 g eingelegte Kapernäpfel mit Lake
Saft und abgeriebene Schale von
1 unbehandelten Orange

Für den Karfiol:
1 kleiner Karfiol
2 EL Bio-Sauerrahmbutter
2 EL Semmelbrösel
unbehandeltes Salz
schwarzer Pfeffer aus der Mühle
frisch geriebene Muskatnuss

Für die Pasta:
500 g Rigatoni (ersatzweise Pastasorte
nach Wahl)
unbehandeltes Salz
1 Bund Basilikum

Für 4 Personen
Zubereitungszeit: ca. 45 Min.
+ 4 Std. Ziehen

Für die Marinade: Die Schalotte schälen, fein würfeln und mit 8 EL Paradeiser-Einlegeöl verrühren. 6 EL Kapernlake, Orangensaft und -schale dazugeben und das Dressing mit dem Schneebesen gut verrühren. Die Paradeiser abtropfen lassen und in schmale Streifen schneiden. Die Kapernäpfel, falls nötig, längs halbieren, dabei die Stiele nicht entfernen.

Für den Karfiol: Den Karfiol putzen, waschen und in Röschen teilen. In der zerlassenen Butter bei mittlerer Hitze etwa 8 Min. anbraten, dabei öfters wenden, damit er gleichmäßig gar wird. Kurz vor Garzeitende die Semmelbrösel dazugeben und mit anrösten. Mit etwas Salz, Pfeffer und Muskat würzen.

Für die Pasta: Die Pasta in reichlich Salzwasser »al dente« kochen, in ein Sieb abgießen und auf ein großes Backblech zum Abdampfen geben. Dann die Pasta in einer großen Schüssel mit der Marinade, den Paradeisern, den Kapernäpfeln und dem gerösteten Karfiol mischen und etwa 4 Std. ziehen lassen.

Inzwischen das Basilikum waschen und trocken tupfen, die Blättchen abzupfen und grob zerpflücken. Zum Servieren den Salat mit etwas Salz und Pfeffer abschmecken und mit dem Basilikum bestreuen.

ALLES VERWERTEN: *Der Pastasalat schmeckt am besten bei Zimmertemperatur. Dafür hole ich ihn mindestens 2 Std. vor dem Essen aus dem Kühlschrank. Wenn ich noch Käsereste von Berg- oder Hartkäse zu Hause habe, reibe ich etwas davon darüber.*

Palak Paneer

Für den Paneer-Käse:
1 l Bio-Vorzugs- oder Rohmilch
(mind. 3,9 % Fett)
2 Prisen unbehandeltes Salz
Saft von 1 Zitrone

Für den Spinat:
1 kg frischer Spinat
2 Zwiebeln
2 cm Ingwer
1 milde Chilischote
2 EL Ghee (indisches Butterschmalz,
ersatzweise Bio-Sauerrahmbutter)
2 Lorbeerblätter
1 TL gemahlener Kreuzkümmel
1/2 TL Zimt
unbehandeltes Salz
schwarzer Pfeffer aus der Mühle

Für 4 Personen
Zubereitungszeit: ca. 45 Min.
+ 4 Std. Abtropfen + 20 Min. Backen

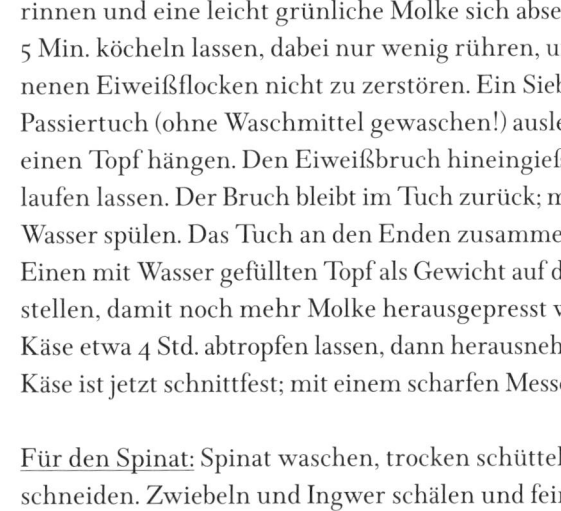

Für den Paneer-Käse: Milch mit Salz erhitzen, kurz vor dem Siedepunkt den Zitronensaft dazugeben. Die Milch sollte gerinnen und eine leicht grünliche Molke sich absetzen. Noch 5 Min. köcheln lassen, dabei nur wenig rühren, um die geronnenen Eiweißflocken nicht zu zerstören. Ein Sieb mit einem Passiertuch (ohne Waschmittel gewaschen!) auslegen und in einen Topf hängen. Den Eiweißbruch hineingießen und ablaufen lassen. Der Bruch bleibt im Tuch zurück; mit klarem Wasser spülen. Das Tuch an den Enden zusammenraffen. Einen mit Wasser gefüllten Topf als Gewicht auf das Tuch stellen, damit noch mehr Molke herausgepresst wird. Den Käse etwa 4 Std. abtropfen lassen, dann herausnehmen. Der Käse ist jetzt schnittfest; mit einem scharfen Messer würfeln.

Für den Spinat: Spinat waschen, trocken schütteln und grob schneiden. Zwiebeln und Ingwer schälen und fein würfeln. Chili putzen, waschen und in Ringe schneiden. Zwiebel und Ingwer im zerlassenen Ghee anschwitzen, Lorbeer, Gewürze und Chili kurz mit anrösten. Spinat nach und nach dazugeben, bis er zusammengefallen ist. Etwas Wasser zugießen, damit nichts anbrennt. Mit wenig Salz und Pfeffer würzen.

Den Backofen auf 180 °C vorheizen. Den Paneer in eine Auflaufform setzen und den Spinat darüber verteilen. Im heißen Ofen etwa 20 Min. garen. Herausnehmen und das Palak Paneer am besten mit indischem Naan-Brot oder dem Fladenbrot von den Sommerrollen (S. 51) genießen.

MEIN TIPP: *Den indischen Käse Paneer kann man ganz einfach zu Hause herstellen. Man braucht dazu nicht wie üblicherweise Lab (ein Enzym aus dem Kälbermagen), sondern nur Zitronensaft und sehr frische Vollmilch. Wer keinen Zugang zu bester Milch hat oder wem die Herstellung zu kompliziert ist, kann den Käse auch in indischen oder asiatischen Lebensmittelläden kaufen.*

Mai/Juni

Alles verwerten

Trocken gewordene Mostschober reibe ich fein und verwende sie gern in anderen Desserts wie zum Beispiel den Walnussbaisers (S. 100) oder als Semmelbröselersatz bei süßen Topfenknödeln (S. 157).

Mostschober

Für die Küchlein:
6 Bio-Eier
unbehandeltes Salz
200 g Rohrzucker
180 g Semmel- oder Keksbrösel
2 EL gemahlene Haselnusskerne
Bio-Butter für die Förmchen

Für den Mostsud:
500 ml Apfelmost
etwas Rohrzucker
1 Zimtstange
3 Gewürznelken
einige Spritzer Zitronensaft

Außerdem:
Staubzucker zum Bestäuben
einige Pfefferminzstiele

Für 12 Stück (im 12er-Muffinblech)
Zubereitungszeit: ca. 30 Min.
+ 2 Std. Kühlen + 15 Min. Backen

Für die Küchlein: Den Backofen auf 170 °C vorheizen. Die Mulden des Muffinblechs mit Butter gründlich einstreichen. Die Eier trennen und das Eiklar mit 1 Prise Salz steif schlagen. Eidotter mit dem Zucker sehr schaumig schlagen. Eischnee, Semmelbrösel und Nüsse unter die Eidottermasse heben. Die Masse vorsichtig in die Mulden füllen und die Küchlein im heißen Ofen 12–15 Min. backen. Dann aus dem Ofen nehmen und etwas abkühlen lassen.

Für den Mostsud: Alle Zutaten mit 150 ml Wasser in einem Topf aufkochen und abschmecken. Dann zugedeckt für etwa 2 Std. kühl stellen, damit die Gewürze gut durchziehen.

Anschließend die Gewürze aus dem Sud entfernen und den Sud in kleine Schalen füllen. Die Küchlein aus den Mulden lösen und in die Schalen setzen, damit sie sich mit dem Sud vollsaugen können. Die Minze waschen, trocken schütteln und die Blättchen abzupfen. Die Mostschober mit etwas Staubzucker und Pfefferminzblättchen garnieren.

MEIN TIPP: *Diese traditionelle Nachspeise ist eine meiner liebsten aus dem Mostviertel. Ein einfaches, aber raffiniertes Gericht, das ich im Sommer gern eisgekühlt serviere.*

Juli/August

Erdäpfelsuppe mit sechserlei Einlagen

Für die Suppe:

1 Zwiebel
100 g Knollensellerie
100 g Petersilienwurzel oder Pastinake
800 g mehligkochende Erdäpfel
200 ml Bio-Vollmilch
unbehandeltes Salz
schwarzer Pfeffer aus der Mühle
frisch geriebene Muskatnuss

Für die Einlagen:

einige Scheiben Räucherlachs
1 Stück frischer Kren
frische Büsumer Krabben
frisch gehackter Dill
einige Spritzer Zitronensaft
schwarzer Pfeffer aus der Mühle
100 g Eierschwammerl
1 EL Bio-Sauerrahmbutter
2 Thymianzweige
unbehandeltes Salz
2 Frühlingszwiebeln
150 g in Öl eingelegte, gegrillte
rote Paprikaschoten
1 Knoblauchzehe
2 Scheiben altbackenes Brot
etwas Rapsöl zum Rösten

Für 4 Personen
Zubereitungszeit: ca. 1 Std.

Für die Suppe: Gemüse und Erdäpfel schälen, waschen und etwa walnussgroß würfeln. Mit Wasser bedeckt etwa 30 Min. garen. Milch zugießen und das Gemüse stückig zerstampfen, bis eine sämige Suppe entstanden ist. Falls die Suppe zu dick ist, noch etwas Milch dazugeben. Bitte nicht den Pürierstab benutzen, da die Suppe sonst leimig und klebrig wird. Die Suppe mit etwas Salz, Pfeffer und Muskat abschmecken.

Für die Einlagen: Den Räucherlachs in einer Schale anrichten, den Kren schälen und frisch darüberreiben.
Die Krabben mit Dill, Zitronensaft und Pfeffer mischen und in eine Schale füllen.
Die Eierschwammerl putzen und in der zerlassenen Butter mit dem Thymian scharf anbraten. Mit etwas Salz und Pfeffer würzen und in eine Schale füllen.
Die Frühlingszwiebeln putzen, waschen und in feine Ringe schneiden. In eine Schale füllen.
Die Paprika etwas abtropfen lassen, in Streifen schneiden und in eine Schale füllen.
Den Knoblauch schälen und fein hacken. Das Brot in Würfel schneiden und mit dem Knoblauch im heißen Öl anrösten. Etwas pfeffern und in eine Schale füllen.

Die Suppe mit den verschiedenen Einlagen auf den Tisch stellen, sodass sich jeder seine Suppe selbst garnieren kann.

MEIN TIPP: *Oft habe ich nur wenig Zeit, um aufwendig für meine Familie zu kochen. Ich möchte ihr aber trotzdem eine Vielfalt anbieten. Da behelfe ich mir mit einem einfachen Trick: Ich koche eine gute Erdäpfelsuppe und bereite dazu viele kleine Einlagen zu. So kann sich jeder nach eigenem Gusto seine Suppe verfeinern.*

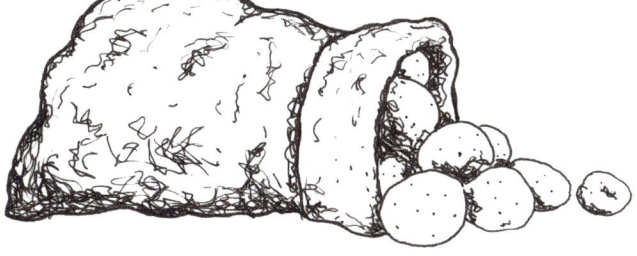

Juli/August

Geschichtete Brotsuppe mit Paradeisern und Steinpilzen

Für die Steinpilze:
1/2 TL Korianderkörner
20 g getrocknete Steinpilze
1 l klare Gemüsesuppe (Tipp)

Für die Brotsuppe:
2–3 Scheiben altbackenes Brot
1 Knoblauchzehe, angedrückt
1 TL Thymianblättchen

Außerdem:
2 kleine Ochsenherzparadeiser
(ersatzweise eine andere Sorte)
1 EL gehackte Blattpetersilie

Für 4 Personen
Zubereitungszeit: ca. 45 Min.
+ 5 Min. Backen

Für die Steinpilze: Die Korianderkörner in einer Pfanne ohne Fett rösten, vom Herd nehmen und in einem Mörser mahlen. Die getrockneten Steinpilze mit dem Koriander in der Suppe etwa 10 Min. leicht köcheln lassen. Aus der Suppe nehmen und etwas klein schneiden.

Für die Brotsuppe: Den Backofen auf 180 °C vorheizen. Die Brotscheiben mit dem Knoblauch einreiben und mit Koriandersuppe beträufeln. Die Brote auf ein Backblech setzen und im heißen Ofen etwa 5 Min. rösten. Aus dem Ofen nehmen, mit den Thymianblättchen bestreuen und grob zerteilen.

Die Paradeiser waschen und in Scheiben schneiden, dabei die Stielansätze entfernen. Steinpilze, Brot, Petersilie und Paradeiser in hohe Gläser schichten. Zuletzt die heiße Suppe darübergießen und servieren.

ALLES VERWERTEN: *Eine klare Gemüsesuppe stelle ich meist aus Gemüseschalen und -resten her, zum Beispiel aus Abschnitten von Karotten, Sellerie, Petersilienwurzel, Lauch, Zwiebeln und Paradeisern. Das Gemüse sollte dafür natürlich Bio-Qualität besitzen und sehr gut gewaschen sein. Die Schalen mit reichlich Wasser in einen großen Topf geben, etwas salzen und etwa 1 Std. köcheln lassen. Dann alles durch ein feines Sieb gießen, die Suppe in saubere Gläser füllen und gut verschließen. Die Suppe hält kühl gelagert etwa 3 Monate. Wenn ich klare Suppe von Rind, Fisch oder Geflügel benötige, gebe ich in den Ansatz einfach noch die entsprechenden Knochen oder Gräten dazu.*

Galettes mit Artischocken, Ei und Salat

Für die Galettes:

125 g Buchweizenmehl
125 ml Bio-Vollmilch
6 Bio-Eier
1–2 EL zerlassene Bio-Sauerrahmbutter
unbehandeltes Salz
frisch geriebene Muskatnuss
100 g geraspelte Bio-Käsereste oder
Bio-Blauschimmelkäse
Bio-Sauerrahmbutter zum Ausbacken

Für die Artischocken:

4 feste geschlossene Artischocken
Saft von 1 Zitrone
2 Frühlingszwiebeln
2 EL Sonnenblumenkerne
1 EL Bio-Sauerrahmbutter
unbehandeltes Salz
schwarzer Pfeffer aus der Mühle

Für den Salat:

4 Handvoll gemischter Blattsalat
(z. B. Rucola, Radicchio, junger Spinat)
2 EL Zitronensaft
1 EL Orangensaft
2 EL Olivenöl
1 Msp. feiner Senf
unbehandeltes Salz
schwarzer Pfeffer
einige Lavendelblüten

Für 4 Personen
Zubereitungszeit: ca. 45 Min.
+ 3 Std. Quellen + 10 Min. Backen

Für die Galettes: Mehl, Milch, 2 Eier und zerlassene Butter mit 200 ml Wasser zu einem glatten Teig verrühren, mit etwas Salz und Muskat würzen. Den Teig durch ein Sieb gießen, um eventuelle Klümpchen zu entfernen, dann bei Zimmertemperatur etwa 3 Std. quellen lassen. Sollte der Teig beim Wenden in der Pfanne brechen, etwas Weizenmehl in den Teig rühren.

Für die Artischocken: Blätter und Heu der Artischocken entfernen und die Artischockenböden mit einem kleinen Messer sehr sauber putzen. Etwas Wasser mit Zitronensaft mischen und die Artischockenböden sofort hineinlegen, damit sie sich nicht bräunlich verfärben. Die Frühlingszwiebeln putzen, waschen und in feine Ringe schneiden. Die Artischockenböden in dünne Scheiben schneiden und mit den Sonnenblumenkernen in einer Pfanne in der zerlassenen Butter etwa 3 Min. braten. Kurz vor Garzeitende die Frühlingszwiebeln dazugeben und alles gut durchschwenken.

Den Backofen auf 180 °C vorheizen. Ein Backblech mit Backpapier auslegen. Etwas Butter in einer beschichteten Pfanne zerlassen und darin nacheinander dünne goldbraune Galettes ausbacken. Auf das Blech setzen, mit Artischocken, Sonnenblumenkernen und Frühlingszwiebeln belegen und die Seiten sofort rechteckig zusammenklappen (warten Sie zu lange, brechen die Galettes). Je ein Ei in die Mitte der Galettes setzen und beides mit Käse bestreuen. Im heißen Ofen etwa 10 Min. backen. Ist das Eiklar gestockt, sind die Galettes fertig.

Für den Salat: Die Salate waschen, trocken schleudern und grob zerzupfen. Aus den restlichen Zutaten ein Dressing herstellen und die Salate damit marinieren.

Die warmen Galettes auf vorgewärmte Teller setzen und mit dem Salat sofort servieren.

Zweierlei gefüllte Brickteig-Körbchen

Für die Teigkörbchen:

4 Blätter fertiger Brick- oder Filoteig
(je ca. 30 x 30 cm; Kühlregal)
50 g zerlassene Bio-Sauerrahmbutter

Für die Brokkolifüllung:

1/2 Brokkoli
unbehandeltes Salz
2 EL Bio-Sauerrahmbutter
2 EL Semmelbrösel
3 EL Mandelblättchen

Für die Pilzfüllung:

200 g frische Eierschwammerl
2 Thymianzweige
1 EL Bio-Sauerrahmbutter
unbehandeltes Salz
schwarzer Pfeffer aus der Mühle

Für den Guss:

150 g Bio-Sauerrahm
2 Bio-Eidotter
unbehandeltes Salz
schwarzer Pfeffer aus der Mühle

Für 8 Stück (z. B. im Muffinblech)
Zubereitungszeit: ca. 45 Min.
+ 10 Min. Backen

Für die Teigkörbchen: Die Teigblätter in je vier gleich große Quadrate schneiden und mit der zerlassenen Butter bestreichen. Jeweils zwei Blätter versetzt in acht Förmchen oder Mulden eines Muffinblechs drücken.

Für die Brokkolifüllung: Den Brokkoli putzen, waschen und in Röschen teilen. Die Röschen in reichlich Salzwasser in etwa 10 Min. bissfest kochen, dann abgießen und kalt abschrecken. So gart der Brokkoli nicht weiter und behält die grüne Farbe. Den Brokkoli etwas ausdrücken und auf vier Brickteig-Körbchen verteilen. Butterflocken, Semmelbrösel und Mandelblättchen auf dem Brokkoli verteilen.

Für die Pilzfüllung: Die Eierschwammerl putzen (S. 112) und, falls nötig, klein hacken. Thymian waschen, trocken schütteln und die Blättchen abzupfen. Pilze mit Thymian in der zerlassenen Butter anbraten. Mit etwas Salz und Pfeffer würzen und auf die übrigen vier Brickteig-Körbchen verteilen. Den Backofen auf 160 °C vorheizen.

Für den Guss: Den Sauerrahm und die Eidotter gründlich verrühren und mit etwas Salz und Pfeffer würzen. Den Guss über Brokkoli und Eierschwammerl verteilen, dabei darf jeweils noch etwas Füllung herausschauen. Die Körbchen im heißen Ofen in 8–10 Min. knusprig braun backen, der Guss sollte dann komplett gestockt sein. Aus dem Ofen nehmen und am besten warm servieren.

ALLES VERWERTEN: *Ich serviere die Brickteig-Körbchen gern als kleine Vorspeise oder als Knabberei für zwischendurch. Als Füllung eignen sich auch Gemüsereste vom Vortag oder übrig gebliebener Braten.*

Alles verwerten

Dieses Gericht mache ich gern, wenn ich Reste wie altes Brot oder Käse verarbeiten möchte. Beim Brot eignen sich Reste vom Sauerteig-, Roggen- oder Vollkornbrot oder auch Semmeln und Laugengebäck vom Vortag. Der Käse kann auch aus Resten aus Ihrem Kühlschrank bestehen, zum Beispiel aus Bergkäse, mittelaltem Gouda oder Grana Padano. Wichtig ist, dass Sie ihn reiben können.

Paradeiser-Brot-Salat

Für die Paradeiser:

*400 g bunte gemischte Paradeiser
(Roma-, Ochsenherz-, Strauch- und
Kirschparadeiser)
unbehandeltes Salz
schwarzer Pfeffer aus der Mühle
8 EL Weißweinessig
8 EL Rapsöl
1 TL mittelscharfer grober Senf*

Für das Brot:

*200 g altbackenes Brot oder
Brot vom Vortag
4 EL Rapsöl*

Außerdem:

*1 Bund Basilikum
1 Bund Rucola
50 g Bio-Greyerzer oder Bio-Käsereste*

Für 4 Personen
Zubereitungszeit: ca. 30 Min.
+ 30 Min. Ziehen. + 12 Min. Backen

Für die Paradeiser: Die Paradeiser waschen und in grobe Würfel schneiden, dabei die Stielansätze entfernen. Die Paradeiser mit den übrigen Zutaten gemischt etwa 30 Min. ziehen lassen.

Für das Brot: Inzwischen den Backofen auf 200 °C (Umluft) vorheizen. Das Brot in grobe Würfel schneiden oder reißen, auf ein Backblech verteilen und mit dem Öl beträufeln. Die Brotwürfel im heißen Ofen in etwa 12 Min. goldbraun rösten, dann aus dem Ofen nehmen.

Basilikum und Rucola waschen, trocken schütteln und grob zerzupfen. Die Paradeiser mit den gerösteten Brotwürfeln in einer Schüssel mischen, das Brot saugt nun das Dressing auf. Rucola und Basilikum vorsichtig unterheben und alles in eine saubere Schüssel umfüllen. Zum Servieren den Käse frisch darüberreiben.

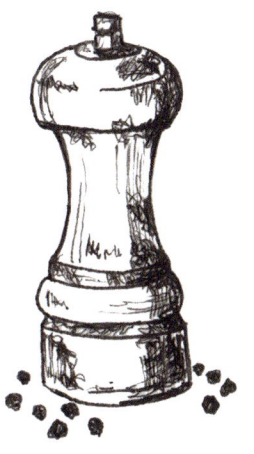

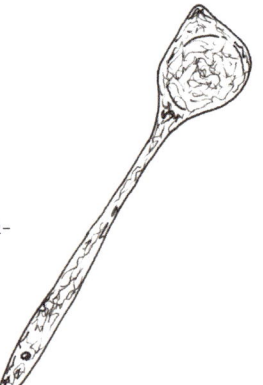

Alles verwerten

Als Belag schmecken auch Räucherlachs oder Bio-Schafskäse auf den Handbroten. Kleine Reste vom Selleriepüree (S. 135) oder Kichererbsenpüree (S. 185) machen sich ebenfalls sehr gut darauf.

Handbrote mit Gemüse, Crème fraîche und Rucola

Für den Teig:

350 g Vollkornweizenmehl
200 ml lauwarmes Wasser
1/2 Würfel frischer Germ (21 g)
2 EL Haselnuss- oder Rapsöl
1 TL unbehandeltes Salz
Mehl für die Arbeitsfläche

Für den Belag:

100 g Paradeisersauce (S. 79 oder
Paradeiserstücke aus der Dose)
3 Bund Rucola
1 Zucchini
1/2 Karfiol
1 rote Paprikaschote
1 EL Bio-Sauerrahmbutter
Saft von 1 Zitrone
unbehandeltes Salz
schwarzer Pfeffer aus der Mühle
200 g Bio-Crème-fraîche

Für 4 Personen
Zubereitungszeit: ca. 1 Std.
+ 30 Min. Gehen + 10 Min. Backen

Für den Teig: Den Backofen auf 50 °C vorheizen. Alle Zutaten in eine Schüssel geben und etwa 10 Min. gut durchkneten. Aus dem Teig eine Kugel formen, zurück in die Schüssel geben und mit einem feuchten Küchentuch zugedeckt im warmen Ofen etwa 30 Min. gehen lassen.

Den Teig aus dem Ofen nehmen. Backofen auf 220 °C vorheizen, ein Backblech mit Backpapier auslegen. Den Teig nochmals durchkneten und in acht Portionen teilen. Jedes Stück auf der bemehlten Arbeitsfläche sehr dünn oval ausrollen. Den Rand der Handbrote dabei umschlagen, damit er später beim Backen schön aufgeht. Die Paradeisersauce mit einem Esslöffel dünn auf den Handbroten verteilen. Die Brote auf das Blech setzen und im heißen Ofen etwa 10 Min. backen. Aus dem Ofen nehmen, sobald der Boden schön knusprig ist.

Für den Belag: Den Rucola waschen und trocken schütteln. Das Gemüse putzen, waschen und in kleine Stücke schneiden. Die Butter in einer Pfanne zerlassen und das Gemüse darin bei mittlerer Hitze in etwa 10 Min. weich garen. Mit Zitronensaft, etwas Salz und Pfeffer abschmecken. Das gebratene Gemüse, die Crème fraîche und den Rucola auf den Broten verteilen und diese warm oder kalt genießen.

Zucchini-Erdäpfel-Bratlinge mit Stangenbohnen

Für die Bratlinge:
2 kleine Zucchini
2 Bio-Eiklar
1 altbackene Semmel
4 Estragonstiele
1/2 Rezept Erdäpfelknödelteig (S. 84)
unbehandeltes Salz
etwas Rapsöl zum Braten

Für die Bohnen:
500 g Stangenbohnen (ersatzweise
grüne Bohnen)
unbehandeltes Salz
250 g Bio-Obers
schwarzer Pfeffer aus der Mühle
frisch geriebene Muskatnuss
5 Blattpetersilienstiele
4 EL Bio-Schmand

Für 4 Personen
Zubereitungszeit: ca. 1 Std.

Für die Bratlinge: Die Zucchini putzen, waschen, trocken tupfen und grob raspeln. Das Eiklar steif schlagen. Die Semmel grob reiben. Den Estragon waschen, trocken schütteln, die Blättchen abzupfen und grob hacken. Alle Zutaten außer dem Öl in einer Schüssel gleichmäßig verrühren.

Etwas Öl in einer großen Pfanne erhitzen und nebeneinander jeweils 1 EL Zucchinimasse in die Pfanne setzen, es sollen acht Bratlinge werden. Die Bratlinge etwas flach drücken und bei mittlerer Hitze von beiden Seiten knusprig braun braten. Herausnehmen und auf Küchenpapier abtropfen lassen.

Für die Bohnen: Die Bohnen putzen, waschen und schräg in etwa 2 cm breite Stücke schneiden. In reichlich Salzwasser bei schwacher Hitze etwa 10 Min. köcheln lassen. Dann abgießen und kalt abschrecken; so garen die Bohnen nicht weiter und die grüne Farbe bleibt erhalten.

Den Obers in einem Topf aufkochen und um die Hälfte einköcheln lassen. Mit etwas Salz, Pfeffer und Muskatnuss abschmecken. Die Petersilie waschen, trocken schütteln und grob hacken. Zwei Drittel der Petersilie und die Bohnen zum eingekochten Obers geben und darin erwärmen.

Die Bohnen auf vorgewärmte Suppenteller verteilen. Je zwei Zucchinibratlinge darauf anrichten und mit Schmand und übriger Petersilie garnieren.

Paradeiser-Peperoni-Tarte mit Estragonrahm

Für die Tarte:

*mindestens 4 verschiedene Paradeiser
(grün, gelb, rot; z. B. Ochsenherz, Golden
Plum, Green Zebra, Schlesische Him-
beere, Tigerella)
unbehandeltes Salz
schwarzer Pfeffer aus der Mühle
2 EL Olivenöl
1 Knoblauchzehe
2 Thymianzweige
8 mild eingelegte Peperoni
1 fertiger Blätterteigboden (ca. 30 cm Ø;
Kühlregal oder von einem guten Bäcker)
Mehl für die Arbeitsfläche*

Für den Estragonrahm:

*4 Estragonstiele
200 g Bio-Sauerrahm
unbehandeltes Salz
schwarzer Pfeffer aus der Mühle*

Für 4 Personen
Zubereitungszeit: ca. 30 Min.
+ 15 Min. Backen

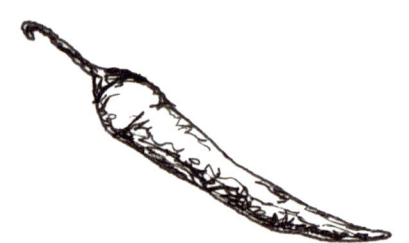

Für die Tarte: Die Paradeiser waschen, waagerecht halbieren und die Stielansätze entfernen. Die Paradeiserhälften mit etwas Salz und Pfeffer würzen. Das Öl in einer ofenfesten Pfanne erhitzen. Die Paradeiser mit der Schnittfläche nach unten in die Pfanne legen und darin kurz anbraten. Den Knoblauch schälen und in Scheiben schneiden. Thymian waschen, trocken schütteln und die Blättchen abzupfen. Knoblauch und Thymian zu den Paradeisern geben und die Peperoni dekorativ in die Zwischenräume setzen.

Den Backofen auf 220 °C vorheizen. Den Blätterteig auf der bemehlten Arbeitsfläche etwas größer ausrollen und über die Pfanne legen. Überstehende Ränder abschneiden und den Rand etwas nach unten drücken. Die Pfanne in den Ofen schieben und die Tarte im heißen Ofen 12–15 Min. backen.

Für den Estragonrahm: Estragon waschen, trocken schütteln und grob hacken. Unter den Sauerrahm rühren und das Ganze mit etwas Salz und Pfeffer abschmecken.

Die Tarte aus dem Ofen nehmen, auf ein Holzbrett oder eine Platte stürzen. Mit dem Estragonrahm und nach Belieben mit Petersilienblättchen servieren.

ALLES VERWERTEN: *Sollte wider Erwarten ein Stück übrig bleiben, schmeckt diese Tarte auch kalt am nächsten Tag.*

Maultaschen mit Schmorgemüse gefüllt

Für die Füllung:

1 kleine Zucchini
1 gelbe Paprikaschote
1 Paradeiser (z. B. Ochsenherz)
2 Schalotten
2 EL Rapsöl
1 Rosmarinzweig
1 Thymianzweig
1 EL Paradeisermark
unbehandeltes Salz
schwarzer Pfeffer aus der Mühle

Für den Nudelteig:

300 g doppelgriffiges Mehl
(Instant-Mehl)
3 Bio-Eier
2 Prisen unbehandeltes Salz
Mehl für die Arbeitsfläche

Außerdem:

2 l klare Gemüsesuppe (Tipp S. 60)
6 Schalotten
100 g Bio-Sauerrahmbutter
1/2 Bund Schnittlauch

Für 4 Personen
Zubereitungszeit: 1 Std. 20 Min.
+ 2 Std. Kühlen

Für die Füllung: Das Gemüse schälen beziehungsweise putzen, waschen und fein würfeln. Dann in einer Pfanne im heißen Öl anbraten, bis es zerfällt. Rosmarin und Thymian waschen, trocken schütteln. Die Nadeln und Blätter abzupfen, hacken und zum Gemüse geben. Das Paradeisermark hinzufügen und kurz anrösten, damit es seine Bitterstoffe verliert. Das Gemüse etwas salzen und pfeffern, dann abkühlen lassen.

Für den Nudelteig: Alle Zutaten mit etwas Wasser von der Mitte aus mischen, dabei das Mehl nach und nach unterkneten. Den Teig mit den Händen etwa 10 Min. kräftig kneten, bis eine glatte Kugel entstanden ist. Den Teig in ein feuchtes Küchentuch wickeln und für etwa 2 Std. kühl stellen. Dann auf wenig Mehl dünn ausrollen und in Quadrate (ca. 10 cm Seitenlänge) schneiden. Jedes dünn mit Füllung bestreichen, dabei die Ränder etwa 1 cm frei lassen und mit Wasser bestreichen. Von unten nach oben aufrollen und die Enden gut andrücken, damit die Taschen bei Kochen nicht auslaufen.

Die Maultaschen in die kochende Suppe einlegen, die Hitze herunterschalten und die Taschen etwa 10 Min. garziehen lassen. Wenn sie nach oben steigen, sind sie gar. Inzwischen Schalotten schälen, halbieren und in der zerlassenen Butter bei schwacher Hitze in etwa 20 Min. weich schmoren. Den Schnittlauch waschen, trocken schütteln und fein schneiden. Je zwei Maultaschen in Suppentellern anrichten und Suppe zugießen. Mit Schalotten, Butter und Schnittlauch garnieren.

ALLES VERWERTEN: *Reste vom Nudelteig rolle ich sehr dünn aus und schneide sie mit einem scharfen Messer in feine Streifen. Über einen Kochlöffel gehängt, lasse ich sie 1 Tag gut trocknen und verwende sie möglichst bald als Bandnudeln zu einem anderen Gericht.*

Conchiglie mit Ofenparadeisern und Büffelmozzarella

Für die Ofenparadeiser:

1 kg süße Kirschparadeiser
1 TL grobes unbehandeltes Salz
6 EL natives Olivenöl
1 Schalotte
1 Knoblauchzehe
unbehandeltes Salz
schwarzer Pfeffer aus der Mühle

Außerdem:

500 g Conchiglie rigate (ersatzweise
Pastasorte nach Wahl)
unbehandeltes Salz
2 Kugeln frischer Büffelmozzarella
2 Bund Rucola

Für 4 Personen
Zubereitungszeit: ca. 30 Min.
+ 20 Min. Backen

Für die Ofenparadeiser: Den Backofen auf 160 °C vorheizen. Ein Backblech mit Backpapier auslegen. Die Paradeiser abzupfen, waschen und trocken tupfen. Mit einem kleinen Messer kreuzweise einritzen. Die Paradeiser mit etwas Salz bestreuen und mit den Einschnitten nach unten auf das Blech setzen. Mit 4 EL Öl beträufeln und im heißen Ofen etwa 20 Min. backen, bis sie eingefallen und weich geworden sind.

Inzwischen die Schalotte und den Knoblauch schälen, in feine Würfel schneiden und im restlichen Öl leicht anbraten. Die Ofenparadeiser dazugeben und dabei etwas ausdrücken, sodass eine Sauce entsteht.

Währenddessen die Pasta in reichlich Salzwasser »al dente« kochen, abgießen und zur Paradeisersauce geben. Inzwischen den Büffelmozzarella grob zerpflücken. Den Rucola waschen, trocken tupfen und grob schneiden. Beides zügig zur Pasta geben und alles gut durchheben. Die Pasta auf vorgewärmten Teller anrichten und nach Belieben mit etwas Olivenöl und grob gemahlenem Pfeffer garnieren.

MEIN TIPP: *Wenn ich Pasta koche, gebe ich kein Öl ins Wasser. Es würde lediglich oben schwimmen und nicht verhindern, dass die Pasta aneinanderklebt. Auch nach dem Kochen und Abgießen gebe ich kein Öl dazu. Das Öl verklebt die raue Oberfläche der Pasta, sodass sie später keine Sauce mehr aufnehmen kann. Ich verteile die Nudeln nach dem Abgießen auf einem großen Backblech oder Küchentuch und lasse sie etwas ausdampfen. Zum Servieren gebe ich 3–4 EL Nudelkochwasser (beim Abgießen auffangen!) über die Pasta und lockere sie etwas auf.*

Auberginenschnitzel mit Gemüsebandnudeln

Für die Paradeisersauce:
8 sehr weiche Paradeiser (Tipp)
3 Knoblauchzehen
2 EL Olivenöl
1/2 Chilischote (z. B. Bird Eye)
4 Oreganozweige
unbehandeltes Salz
schwarzer Pfeffer aus der Mühle

Für die Auberginenschnitzel:
2 Auberginen
unbehandeltes Salz
2 EL Mehl
2 Bio-Eier
40 g geriebener Bio-Parmesan oder
Bio-Hartkäsereste
100 g Butterschmalz oder Rapsöl

Für die Gemüsebandnudeln:
2 Karotten, 2 Zucchini
2 Stangen Lauch
2 Flocken Sauerrahmbutter
50 ml klare Gemüsesuppe (Tipp S. 60)

Für 4 Personen
Zubereitungszeit: ca. 40 Min.
+ 30 Min. Ziehen

Für die Paradeisersauce: Paradeiser waschen und würfeln, dabei die Stielansätze entfernen. Knoblauch schälen, würfeln und im heißen Öl anbraten. Paradeiser zum Knoblauch geben, mit 50 ml Wasser auffüllen und bis zur gewünschten Konsistenz einköcheln lassen. Chili putzen, waschen und fein hacken. Oregano waschen, trocken schütteln und die Blättchen abzupfen. Beides zur Sauce geben, salzen und pfeffern.

Für die Auberginenschnitzel: Auberginen waschen, in etwa 1 cm dicke Scheiben schneiden und salzen. Etwa 30 Min. ziehen lassen, dann mit Küchenpapier abtupfen. Mehl, Eier und Käse getrennt in Suppenteller geben, dabei die Eier verquirlen. Die Auberginen nacheinander durch Mehl, Ei und Käse ziehen. Etwas Butterschmalz in einer Pfanne erhitzen. Auberginen darin portionsweise in etwa 5 Min. goldbraun ausbacken. Herausnehmen, auf Küchenpapier abtropfen lassen.

Für die Gemüsebandnudeln: Gemüse schälen beziehungsweise putzen und waschen. Karotten und Zucchini mit einem Sparschäler in Streifen schneiden. Lauch mit einem Messer ebenfalls in lange Streifen schneiden. Die Butter in einer Pfanne zerlassen und das Gemüse dazugeben. Die Suppe zugießen und das Gemüse zugedeckt in etwa 5 Min. bissfest garen.

Gemüsenudeln und Paradeisersauce auf die Teller geben und je zwei Auberginenschnitzel darauf anrichten. Wer will, rollt die Gemüsenudeln mit einer Fleischgabel zu Nestern auf.

ALLES VERWERTEN: *Für Paradeisersauce am besten fast überreife, weiche Früchte verwenden. Sie haben das intensivste Aroma. Die Sauce noch kochend in saubere Gläser füllen und gut verschließen, so haben Sie auch im Winter ein wenig Sommer.*

Zucchini-Frittata mit Röstbrot

Für die Zucchini:
1 Zwiebel, 2 Knoblauchzehen
2 EL Bio-Sauerrahmbutter
4 kleine Zucchini

Für die Frittata:
6 Bio-Eier
120 g Bio-Obers
unbehandeltes Salz
schwarzer Pfeffer aus der Mühle
frisch geriebene Muskatnuss
1 Handvoll Bio-Käsereste (z. B. Bergkäse,
Blauschimmelkäse, Camembert, Ziegen-
frischkäse)

Für das Röstbrot:
4 Scheiben altbackenes gutes
Sauerteigbrot
1 Knoblauchzehe, halbiert
etwas Bio-Sauerrahmbutter
3 Thymianzweige
schwarzer Pfeffer aus der Mühle

Für 4 Personen
Zubereitungszeit: ca. 40 Min.
+ 25 Min. Backen

Für die Zucchini: Zwiebel und Knoblauch schälen und fein würfeln. Die Butter in einer großen ofenfesten Pfanne zerlassen und Zwiebel und Knoblauch darin glasig dünsten. Die Zucchini putzen, waschen und längs in dünne Scheiben schneiden. Diese strahlenförmig nebeneinander und leicht überlappend in die Pfanne setzen und darin etwa 6 Min. anbraten, dann vom Herd nehmen.

Für die Frittata: Den Backofen auf 180 °C vorheizen. Die Eier mit Obers verquirlen und mit etwas Salz, Pfeffer und Muskat würzen. Den Guss über die Zucchini in die Pfanne geben. Die Käsereste etwas zerkleinern und auf der Eimasse verteilen. Die Frittata im heißen Ofen etwa 25 Min. backen, bis das Ei gestockt und die Oberfläche schön überbacken ist. Die Pfanne aus dem Ofen nehmen und die Frittata kurz ruhen lassen.

Für das Röstbrot: Die Brotscheiben mit dem angeschnittenen Knoblauch einreiben und auf beiden Seiten dünn mit Butter bestreichen. Den Thymian waschen, trocken schütteln und die Blättchen abzupfen. Die Brote mit Thymian und Pfeffer bestreuen und in einer Pfanne bei mittlerer Hitze von beiden Seiten knusprig braun braten. Dann herausnehmen und auf Küchenpaper abtropfen lassen.

Die Frittata noch warm in Stücke schneiden und auf Tellern anrichten, das Röstbrot dazu reichen. Nach Belieben einen Blattsalat dazu servieren.

ALLES VERWERTEN: *Wenn ich Brot rösten möchte, streiche ich immer beide Seiten dünn mit Butter ein und gebe dafür kein Fett in die Pfanne. So kann ich genau bestimmen, wie viel Fett ich für ein knuspriges Brot benötige, und das Brot kann sich mit Fett nicht so voll saugen.*

Juli/August

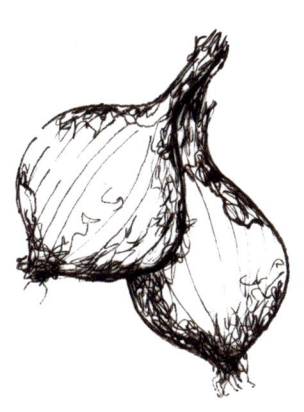

Gefülltes Gemüse

Für die Zwiebeln:

2–3 rote Zwiebeln
1 EL Bio-Sauerrahmbutter
1 kleiner Mangold (ca. 300 g; ersatzweise Spinat, Giersch oder Brennnessel)
unbehandeltes Salz
schwarzer Pfeffer aus der Mühle
50 g Bio-Schafskäse (Feta)

Für die Spitzpaprika:

2 grüne Spitzpaprikaschoten
100 g gekochter Reis vom Vortag
1 EL Bio-Sauerrahmbutter, 1 Bio-Ei
etwas Bio-Käsereste zum Reiben
2 Prisen gemahlener Kreuzkümmel

Für Paradeiser, Zucchini und Kohlrabi:

1 großer Paradeiser, 1 runde Zucchini
1 Kohlrabi
50 g Braten- oder Geflügelreste vom Vortag
1 Knoblauchzehe
unbehandeltes Salz oder 2 eingelegte Sardellenfilets (falls zur Hand)
etwas Rapsöl, 60 g Couscous
2 EL Sesamsamen
4 Blattpetersilienstiele

Außerdem:

Olivenöl zum Beträufeln
einige Kräuter zum Bestreuen

Für 4 Personen
Zubereitungszeit: ca. 1 Std.
+ 50 Min. Backen

Für die Zwiebeln: Die Zwiebeln schälen und die Wurzel abschneiden. Das Innere der Zwiebeln mit dem Daumen herausdrücken, bis noch etwa drei Schichten als Hülle übrig sind. Das Innere würfeln und in der zerlassenen Butter anschwitzen, vom Herd nehmen und die Hälfte der Zwiebelwürfel beiseitestellen. Mangold waschen, trocken schleudern und in Streifen schneiden. Zu den übrigen Zwiebeln geben und 5–6 Min. anbraten, bis der Mangold zusammengefallen ist. Mit etwas Salz und Pfeffer abschmecken. Schafskäse zerbröseln und unterheben. Zwiebeln damit füllen und in eine Auflaufform setzen.

Für die Spitzpaprika: Die Paprika waschen, einen Deckel abschneiden und die Kerne entfernen. Den Reis mit den beiseitegestellten Zwiebeln in der zerlassenen Butter anbraten, das Ei einrühren und stocken lassen. Etwas Käse darüberreiben und den Reis mit Kreuzkümmel würzen. Paprika damit füllen, den Deckel auflegen und die Paprika in die Form setzen.

Für Paradeiser, Zucchini und Kohlrabi: Paradeiser und Zucchini waschen, Kohlrabi schälen; jeweils einen Deckel abschneiden und die Früchte mit einem Löffel oder Messer aushöhlen. Fruchtfleisch und Bratenreste fein würfeln. Knoblauch schälen und eventuell mit den Sardellen fein hacken. Gemüse und Fleisch im heißen Öl anbraten, Knoblauch und Sardellen oder etwas Salz hinzufügen, und mit 150 ml Wasser auffüllen. Alles aufkochen, Couscous und Sesam einrieseln lassen und zugedeckt 10 Min. ausquellen lassen. Inzwischen Petersilie waschen, trocken schütteln und fein hacken. Die Füllung mit Petersilie mischen und in Paradeiser, Zucchini und Kohlrabi verteilen. Deckel auflegen und Früchte in die Form setzen.

Den Backofen auf 160 °C vorheizen. Gemüse mit Öl beträufeln, mit Kräutern bestreuen und im heißen Ofen 40–50 Min. backen. Herausnehmen, mit Salat und frischem Brot reichen.

Mit Erbsen und Auberginen gefüllte Erdäpfelknödel

Für die Füllung:
1 kleine Aubergine
100 g grüne Erbsen, 2 EL Rapsöl
2 EL ungeschälte Sesamsamen
unbehandeltes Salz
schwarzer Pfeffer aus der Mühle
1/2 TL gemahlener Kreuzkümmel

Für den Knödelteig:
1 kg mehligkochende Erdäpfel
100 g Erdäpfelstärke
2–3 Bio-Eidotter
1 EL weiche Bio-Sauerrahmbutter
unbehandeltes Salz
frisch geriebene Muskatnuss
Mehl nach Bedarf

Außerdem:
3 Flocken Bio-Sauerrahmbutter
2 Rosmarinzweige

Für 4 Personen
Zubereitungszeit: ca. 1 Std. 10 Min.
+ 15 Min. Ruhen

Für die Füllung: Aubergine putzen, schälen und fein würfeln. Erbsen waschen. Aubergine im heißen Öl anbraten, Erbsen und Sesam dazugeben und kurz mit anbraten. Vom Herd nehmen, mit etwas Salz, Pfeffer und Kreuzkümmel würzen.

Für den Knödelteig: Die Erdäpfel waschen und in Wasser in etwa 30 Min. gar kochen. Abgießen, kurz ausdampfen lassen und pellen. Noch warm durch die Erdäpfelpresse drücken und mit Stärke, 2 Eidottern und Butter mit den Händen vorsichtig durchkneten, mit etwas Salz und Muskat würzen. Nicht zu stark walken, sonst tritt Wasser aus, und der Teig wird leimig und klebrig. Den Teig etwa 15 Min. ruhen lassen. Für einen Probeknödel etwa 2 EL abstechen und mit angefeuchteten Händen einen etwa golfballgroßen Knödel formen. In reichlich siedendes Salzwasser einlegen und darin garziehen lassen. Falls der Knödel beim Garen zerfällt, noch etwas Mehl und Eidotter in den Teig geben.

Wenn der Knödel hält, den restlichen Teig ebenfalls zu zehn bis zwölf Knödeln formen. Zum Füllen eine Kuhle in jeden Knödel drücken und 1 TL Füllung hineingeben. Den Teig um die Füllung schließen und zu einem Knödel formen. Die Knödel im siedenden Salzwasser in etwa 5 Min. garziehen lassen. Wenn sie nach oben steigen, sind sie gar. Mit einer Schaumkelle aus dem Wasser heben, kurz abtropfen lassen und in der zerlassenen Butter mit Rosmarin auf zwei Seiten bei mittlerer Hitze anbraten. Die Pfanne zum Servieren auf den Tisch stellen, so bleiben die Knödel warm. Nach Belieben Paradeisersauce (S. 79) und grünen Salat dazu reichen.

ALLES VERWERTEN: *Aus übrig gebliebenem Erdäpfelknödelteig stelle ich gern Bratlinge (S. 71) her.*

Zwiebelkuchen mit Blattsalat und Mohndressing

Für den Teig:
350 g Mehl
200 ml lauwarmes Wasser
1/2 Würfel frischer Germ (21 g)
2 EL Rapsöl
1 TL unbehandeltes Salz
Mehl für die Arbeitsfläche

Für den Belag:
600 g Schalotten
2 EL Rapsöl
250 ml Bio-Vollmilch
150 g Bio-Crème-fraîche
5 Bio-Eidotter
unbehandeltes Salz
schwarzer Pfeffer aus der Mühle
100 g geriebener mittelalter
Bio-Gouda oder Bio-Käsereste

Für den Salat:
1 Kopf- oder Eichblattsalat
100 ml Bio-Joghurt (10 % Fett)
Saft und abgeriebene Schale von
1 unbehandelten Zitrone
3 EL Sonnenblumenöl
unbehandeltes Salz
schwarzer Pfeffer aus der Mühle
2 EL gequetschter Mohn

Für 1 Tarte- oder Springform (ca. 28 cm Ø)
Zubereitungszeit: ca. 45 Min.
+ 30 Min. Gehen + 30 Min. Backen
+ 20 Min. Ruhen

Für den Teig: Den Backofen auf 50 °C vorheizen. Die Form mit Backpapier auslegen. Alle Zutaten in einer Schüssel etwa 10 Min. verkneten. Den Teig mit einem feuchten Küchentuch zudecken und im warmen Ofen etwa 30 Min. gehen lassen. Dann auf wenig Mehl nochmals durchkneten und zu einem Kreis in Größe der Form ausrollen. Den Teig in die Form setzen, überstehende Ränder abschneiden.

Für den Belag: Den Backofen auf 180 °C schalten. Schalotten schälen, in dünne Scheiben schneiden und im heißen Öl glasig dünsten. Dann auf dem Teigboden verteilen. Milch, Crème fraîche und Eidotter zu einem Guss verquirlen und mit etwas Salz und Pfeffer würzen. Den Guss über die Schalotten verteilen und den Zwiebelkuchen im heißen Ofen etwa 20 Min. backen. Dann herausnehmen, den Käse darüberstreuen und den Kuchen noch etwa 10 Min. backen. Aus dem Ofen nehmen und etwa 20 Min. ruhen lassen.

Für den Salat: Den Salat waschen, trocken schleudern und grob zerteilen. Die restlichen Zutaten zu einem Dressing mischen, abschmecken und mit dem Salat mischen. Den Salat zum Zwiebelkuchen servieren.

ALLES VERWERTEN: *Die Schalotten lassen sich durch anderes Gemüse ersetzen. So ein Gemüsekuchen ist ideal, um übrig gebliebenes Gemüse zu verarbeiten! Aus dem übrigen Teig lassen sich noch mediterrane Semmeln backen. Dafür den restlichen Germteig mit ein paar gehackten Oliven, getrockneten Paradeisern und Kräutern mischen, daraus kleine Semmeln formen und auf ein mit Backpapier ausgelegtes Backblech setzen. Im vorgeheizten Ofen bei 200 °C etwa 12 Min. backen. Frisch gebacken passen sie hervorragend zum Barbecue oder Abendessen.*

Alles verwerten

Übrig gebliebene Auberginen hacke ich sehr fein und mische sie mit dem Joghurtdip und den Kräutern. Abgeschmeckt mit etwas Piment d'esplette ergibt das einen pikanten vegetarischen Brotaufstrich.

Gebackene Auberginen mit Joghurtdip und Berberitzen

Für die Auberginen:

2 große Auberginen, 60 ml Rapsöl
unbehandeltes Salz
schwarzer Pfeffer aus der Mühle

Für den Dip:

1 Knoblauchzehe
2 Prisen unbehandeltes Salz
200 g griechischer Joghurt (10 % Fett)
abgeriebene Schale von
1 unbehandelten Zitrone

Außerdem:

4 Pfefferminzstiele
4 Blattpetersilienstiele
2 EL getrocknete Berberitzen (aus dem türkischen Laden)

Für 4 Personen
Zubereitungszeit: ca. 30 Min.
+ 35 Min. Backen

Für die Auberginen: Den Backofen auf 180 °C vorheizen. Die Auberginen putzen, waschen und der Länge nach halbieren. Das Fruchtfleisch kreuzweise drei- bis viermal einritzen, ohne dabei die Schale zu verletzen. Das Öl auf die Schnittflächen träufeln und komplett einziehen lassen. Die Auberginen mit etwas Salz und Pfeffer würzen und mit der Schnittfläche nach oben auf ein Backblech setzen. Die Auberginen im heißen Ofen etwa 35 Min. backen, bis sie braun und weich sind. Aus dem Ofen nehmen und abkühlen lassen.

Für den Dip: Knoblauch schälen und mit Salz zu einem feinen Mus verreiben. Den Joghurt mit dem Knoblauchmus und der Zitronenschale gut verrühren.

Die Kräuter waschen, trocken schütteln und grob hacken. Den Joghurtdip auf den gebackenen Auberginen verteilen und mit Kräutern und Berberitzen garnieren.

Tschebureki mit Kürbis und Erbsen

Für den Teig:

500 g Mehl
200 ml lauwarme Bio-Vollmilch
1 Bio-Ei
2 Prisen unbehandeltes Salz
Mehl für die Arbeitsfläche

Für die Füllung:

1 Spaghettikürbis (ersatzweise
Hokkaido-Kürbis)
2 Prisen unbehandeltes Salz
3 EL Rapsöl

Außerdem:

4 Blattpetersilienstiele
150 g grüne Erbsen
80 g Kürbiskerne
schwarzer Pfeffer aus der Mühle
500 ml Rapsöl zum Ausbacken

Für 4 Personen
Zubereitungszeit: ca. 1 Std.
+ 3 Std. Ruhen + 1 Std. Backen

Für den Teig: Alle Zutaten mischen und den Teig etwa 10 Min. kräftig durchkneten. Zu einer Kugel formen, in ein feuchtes Küchentuch wickeln und zugedeckt etwa 3 Std. ruhen lassen.

Für die Füllung: Backofen auf 160 °C vorheizen. Den Kürbis waschen, halbieren und entkernen. Außen mit einer Gabel mehrmals einstechen, dann in eine ofenfeste Form setzen. Etwas Salz und Öl darübergeben und den Kürbis im heißen Ofen etwa 1 Std. backen. Herausnehmen und abkühlen lassen. Dann das Fruchtfleisch mit einer Gabel herauskratzen.

Inzwischen Petersilie waschen, trocken schütteln und grob hacken. Erbsen waschen und abtropfen lassen. Aus dem Teig zwölf Kugeln formen und auf wenig Mehl etwa 3 mm dünn zu Kreisen (ca. 25 cm Ø) ausrollen. Die Kreise zur Hälfte mit Kürbis, Erbsen, Petersilie und Kürbiskernen belegen und pfeffern. Dabei einen Rand von 1 cm frei lassen und die andere Hälfte über die Füllung klappen. Die Ränder gut zusammendrücken, damit sich die Nudeltaschen beim Frittieren nicht öffnen. Das Öl in einem Topf erhitzen, bis Bläschen an einem ins Fett getauchten Holzlöffelstiel aufsteigen. Nudeltaschen portionsweise vorsichtig ins heiße Öl gleiten lassen und darin in etwa 6 Min. ausbacken. Ist eine Seite braun, die Nudeltasche wenden und fertig backen. Nicht öfter wenden, da die Taschen sonst brechen oder aufgehen. Die Tschebureki auf Küchenpapier abtropfen lassen und warm servieren.

ALLES VERWERTEN: *Zu diesem Gericht inspirierte mich Nina Taraschenko aus dem Allgäu. Sie stammt ursprünglich aus dem Kaukasus und hat das Rezept aus dem benachbarten Usbekistan mitgebracht. Klassisch werden die Taschen mit Hackfleisch, viel Zwiebeln und etwas Milch gefüllt. Es eignen sich aber auch Spinat und Käse, Gemüse vom Vortag, Mais oder Paprika. Die Füllung sollte nur nicht zu feucht sein.*

Gefüllte Zucchiniblüten mit Pinienkernen und Paprika

Für die Paprika:
2 rote Paprikaschoten
2 EL Rapsöl
2 Prisen Cayennepfeffer

Für die Füllung:
50 g Pinienkerne
2 Bio-Eidotter
250 g Bio-Schafs-Topfen (20 % Fett; ersatzweise normaler Bio-Topfen)
1 altbackene Semmel, fein gerieben
unbehandeltes Salz
schwarzer Pfeffer aus der Mühle

Für die Zucchiniblüten:
8 Zucchiniblüten mit Mini-Zucchini (ersatzweise Kürbisblüten)
4 Thymianzweige
3 Knoblauchzehen, angedrückt
8 EL Rapsöl

Für 4 Personen
Zubereitungszeit: ca. 45 Min.
+ 30 Min. Ziehen + 35 Min. Backen

Für die Paprika: Den Backofengrill vorheizen. Die Paprika halbieren, putzen und waschen. Mit der Außenseite nach oben auf ein Backblech legen und mit Öl bestreichen. Die Paprika im heißen Ofen etwa 15 Min. garen. Sie sind fertig, wenn die Haut schwarz und das Fruchtfleisch weich ist. Aus dem Ofen nehmen und zugedeckt in einer Schüssel etwa 30 Min. ziehen lassen. Danach die schwarze Haut abziehen, die Paprika klein würfeln und mit Cayennepfeffer würzen.

Für die Füllung: Die Pinienkerne in einer Pfanne ohne Fett unter Rühren rösten, dann herausnehmen. Die Eidotter mit Topfen, Semmelbröseln und Paprikawürfeln mischen und alles mit etwas Salz und Pfeffer abschmecken. Die Pinienkerne vorsichtig einarbeiten, sie sollten nicht brechen. Die Füllung in einen Spritzbeutel ohne Tülle füllen.

Für die Zucchiniblüten: Den Backofen auf 160 °C vorheizen. Ein Backblech mit Backpapier auslegen. Die Zucchiniblüten etwas öffnen und die Blütenstempel entfernen, die Früchte vorsichtig waschen. Jeweils eine Blüte über die Öffnung des Spritzbeutels stülpen und mit leichtem Druck auf den Spritzbeutel füllen. Enden der Blütenblätter zusammendrehen, so kann die Füllung nicht auslaufen. Blüten auf das Blech setzen.

Thymianzweige und Knoblauchzehen danebensetzen. Die Zucchiniblüten und -früchte mit Öl beträufeln und im heißen Ofen 15–20 Min. backen. Sobald die Zucchini leicht braun werden, sind sie fertig. Nach Belieben mit Paradeisersauce (S. 79) oder frischem grünen Salat als Vorspeise servieren.

ALLES VERWERTEN: *Übriges Eiklar können Sie zum Backen verwenden, beispielsweise für Walnussbaisers (S. 100).*

Alles verwerten:

Übrig gebliebene Bratlinge verarbeite ich gern zu einer Frittata. Dazu schneide ich sie in grobe Streifen und brate sie in etwas zerlassener Bio-Sauerrahmbutter kurz an. Dazu gebe ich dann 3–4 verquirlte Bio-Eier, ein paar Käsereste aus dem Kühlschrank und 1 Handvoll gezupfte Kräuter. Sobald das Ei gestockt ist, serviere ich die Frittata mit Salat.

Lauch-Bulgur-Bratlinge mit Gurkendip

Für den Dip:

1 Salatgurke
unbehandeltes Salz
2 Estragonstiele
Saft und abgeriebene Schale
von 1 unbehandelten Zitrone
2 EL griechischer Joghurt (10 % Fett)

Für die Bratlinge:

1 Stange Lauch
1 EL Rapsöl
150 g Weizenbulgur
350 ml klare Gemüsesuppe (Tipp S. 60)
1 EL geröstetes Sesamöl
2 Bio-Eier
4 EL Semmelbrösel von
altbackenen Semmeln
3 EL Mehl
unbehandeltes Salz
schwarzer Pfeffer aus der Mühle
etwas Rapsöl zum Braten

Für 4 Personen
Zubereitungszeit: ca. 30 Min.
+ 15 Min. Ziehen

Für den Dip: Die Gurke waschen, trocken tupfen und sehr grob raspeln. Die Raspel mit 2 TL Salz mischen und etwa 15 Min. ziehen lassen. Inzwischen den Estragon waschen, trocken schütteln, die Blättchen abzupfen und fein hacken. Die Gurkenraspel in ein Sieb geben und gut ausdrücken, das austretende Gurkenwasser abgießen. Gurkenraspel, Estragon, Zitronensaft und -schale mit dem Joghurt in einer Schale mischen und den Dip mit etwas Salz abschmecken.

Für die Bratlinge: Den Lauch putzen, längs halbieren und waschen. In etwa 1 cm dicke Ringe schneiden und in einem großen Topf im heißen Rapsöl andünsten. Den Bulgur einrieseln lassen und mit der Suppe aufgießen. Alles einmal aufkochen, dann den Deckel auflegen und den Herd abschalten. Den Bulgur etwa 10 Min. ausquellen lassen.

Den Lauchbulgur in eine Schüssel füllen und mit den restlichen Zutaten zu einer glatten Bratlingmasse verarbeiten, mit etwas Salz und Pfeffer abschmecken. Mit angefeuchteten Händen daraus acht bis zehn etwa 2 cm dicke Bratlinge formen. Etwas Öl in einer Pfanne erhitzen und die Lauch-Bulgur-Bratlinge darin bei mittlerer Hitze knusprig goldbraun braten. Herausnehmen, auf Küchenpapier abtropfen lassen und noch warm mit dem Gurkendip servieren.

Gebratene Wachteln auf grünem Erbsenpüree und Linsen

Für die Linsen:

*100 g Puy-Linsen (ersatzweise
Beluga-Linsen)*
*4 Paradeiser (z. B. Schlesische
Himbeeren)*
*1 TL okzitanische Paste (ersatzweise
Kräuter der Provence)*
2 EL gehackte Petersilie

Für das Erbsenpüree:

250 g grüne Erbsen
1–2 EL Bio-Vollmilch
unbehandeltes Salz
1 TL rosa Pfefferbeeren

Für die Wachteln:

2 Wachteln (küchenfertig)
unbehandeltes Salz
schwarzer Pfeffer aus der Mühle
1 TL Butterschmalz oder Rapsöl
2 Knoblauchzehen, angedrückt
2 Thymianzweige

Für 4 Personen
Zubereitungszeit: ca. 45 Min.

Für die Linsen: Die Linsen in einem Topf in reichlich ungesalzenem Wasser in etwa 20 Min. gar kochen. Dann abgießen
und abtropfen lassen. Inzwischen die Paradeiser waschen,
vierteln und mit der Paste zu den Linsen geben. Zum Servieren die Petersilie unter das Linsengemüse heben.

Für das Erbsenpüree: Die Erbsen waschen und mit der Milch
aufkochen. Heiß im Küchenmixer mit der Milch zu einem
Püree verarbeiten. Mit etwas Salz abschmecken.

Für die Wachteln: Während die Linsen garen, die Keulen der
Wachteln abtrennen, dazu mit einem scharfen Messer zwischen Brust und Keule nach unten schneiden. Die Wachteln
bleiben dabei immer auf dem Rücken liegen. Die Brust lösen,
dazu links und rechts neben dem Brustbein bis auf den Brustkorb einschneiden. Mit dem Messer dem Brustkorb nach
unten folgen, bis die Wachtelbrust abgelöst ist (Knochen einfrieren und daraus klare Geflügelsuppe kochen). Brust und
Keulen mit etwas Salz und Pfeffer würzen und in einer Pfanne
im zerlassenen Butterschmalz mit Knoblauch und Thymian
in etwa 5 Min. knusprig braun braten. Aber Vorsicht, nicht zu
lange braten, Wachtelfleisch wird sehr schnell trocken.

Das Püree auf vorgewärmte Teller setzen. Brust und Keulen
der Wachteln daran anrichten und mit rosa Pfefferbeeren
bestreuen. Das Linsengemüse dazu servieren.

MEIN TIPP: *Wenn ich Lust auf Linsen bekomme, greife ich gern
zu den Puy- oder Beluga-Linsen. Diese muss ich nicht über Nacht
einweichen, sondern kann sie sofort in etwa 20 Min. gar kochen.
Wichtig dabei ist, kein Salz ins Wasser zu geben, sonst bleiben die
Linsen trotz Kochen hart.*

Ostfriesischer Karmelkbree mit Stachelbeeren

Für den Brei:

75 g grobe Perlgraupen
750 ml Bio-Buttermilch
6 EL Sommerblütenhonig
unbehandeltes Salz
1 Vanillestange

Für die Stachelbeeren:

1 unbehandelte Orange
200 g Stachelbeeren
2 EL Akazienhonig
1 EL Bio-Butter
4 Pfefferminzstiele

Für 4 Personen
Zubereitungszeit: ca. 50 Min.
+ 2 Std. Quellen

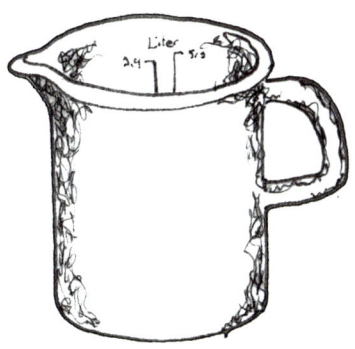

Für den Brei: Die Graupen in 500 ml Wasser etwa 2 Std. quellen lassen. Die Buttermilch in einem Topf mit Honig und 1 Prise Salz verrühren. Die Vanillestange längs aufschlitzen und das Mark mit einem scharfen Messer herauskratzen. Vanillemark und -stange zur Buttermilch geben und alles unter Rühren aufkochen, dabei gerinnt die Buttermilch. Die Hitze herunterschalten, die Graupen abgießen und zur Buttermilch geben. Alles etwa 40 Min. köcheln lassen, bis die Graupen weich sind, dabei ab und zu umrühren. Dann vom Herd nehmen und etwas abkühlen lassen. Die Vanillestange nach Belieben entfernen.

Für die Stachelbeeren: Die Orange waschen, abtrocknen und mit einem Sparschäler dünn abschälen. Dann halbieren und auspressen. Zwei Orangenschalenstreifen und den Saft beiseitestellen. Die Stachelbeeren putzen, waschen und trocken tupfen. Den Honig mit der Butter in einer Pfanne leicht karamellisieren lassen, Stachelbeeren dazugeben und mit dem Orangensaft ablöschen. Die Orangenschalen hinzufügen und die Stachelbeeren etwa 8 Min. köcheln, bis der Saft zu Sirup eingekocht ist und die Stachelbeeren weich sind.

Die Minze waschen, trocken schütteln und die Blättchen abzupfen. Den leicht abgekühlten Karmelkbree in schöne Gläser oder Teller füllen und die Stachelbeeren daraufsetzen. Mit etwas Stachelbeersirup und Minze garnieren.

ALLES VERWERTEN: *Auch für mein Risotto nehme ich statt Reis gern Graupen, am besten solche mit mittlerer Körnung. Ein Graupen-Risotto kann ich nämlich wieder gut aufwärmen, wenn meine Gäste mal etwas später kommen oder etwas übrig geblieben ist – es wird nicht so leicht breiig wie ein Risotto.*

Alles verwerten

Oft benötige ich nur die Eidotter für meine Teige und Massen, das Eiklar bleibt dann ungenutzt. Die Walnussbaisers sind ein praktisches und schönes Dessert, um auch das Eiklar zu verwenden. Übrig gebliebenes Baiser brösele ich gern über heiße Schokolade oder Obstkuchen.

Walnussbaisers mit Mascarpone und Himbeeren

Für die Baisers:

80 g Butterkekse oder trockene Kuchenreste
3 Bio-Eiklar
200 g Staubzucker
100 g fein gemahlene Walnusskerne

Für den Belag:

80 g Himbeeren
3 Pfefferminzstiele
100 g Bio-Mascarpone
abgeriebene Schale von
1 unbehandelten Zitrone
4 EL Staubzucker
200 g Bio-Obers

Für 4 Personen
Zubereitungszeit: ca. 40 Min.
+ 25 Min. Backen

Für die Baisers: Den Backofen auf 180 °C vorheizen. Ein Backblech mit Backpapier auslegen. Die Butterkekse oder Kuchenreste fein zerbröseln. Das Eiklar steif schlagen und nach und nach den Zucker dazugeben, der Eischnee soll dabei steif bleiben. Die Walnüsse und Butterkeksbrösel vorsichtig unterheben. Die Masse in einen Spritzbeutel füllen und damit acht etwa pflaumengroße Baisers auf das Backpapier spritzen. Dabei etwas Abstand zwischen den Baisers lassen, da sie noch etwas aufgehen. Die Baisers im heißen Ofen 20–25 Min. backen. Aus dem Ofen nehmen, mit einer Palette vom Blech lösen und auf einem Kuchengitter abkühlen lassen.

Für den Belag: Himbeeren verlesen und, falls nötig, waschen. Minze waschen, trocken schütteln, die Blättchen abzupfen und in Streifen schneiden. Mascarpone mit Zitronenschale und Zucker schaumig schlagen. Obers steif schlagen und mit der Minze unter die Creme ziehen. In einen Spritzbeutel füllen und auf vier Baisers verteilen. Jeweils einige Himbeeren daraufsetzen und mit einem zweiten Baiser bedecken.

MEIN TIPP: *Baisers bleiben knusprig, wenn man sie in Küchenpapier eingewickelt in einer Blechdose luftdicht aufbewahrt.*

Alles verwerten

Übriger Ingwer lässt sich hervorragend einfrieren. Bei Bedarf dann noch in gefrorenem Zustand schälen und reiben – das geht meist besser als im frischen Zustand. Oder einen Ingwertee zubereiten: Dafür drei Ingwerscheiben in eine Tasse geben und mit kochendem Wasser aufgießen. Etwas Honig und Zitronensaft dazugeben und den Tee etwa 5 Min. ziehen lassen. Ein hervorragender Erkältungstee für die kalten Monate.

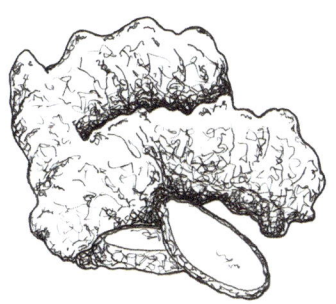

Geschabtes Orangen-Ingwer-Eis

2 kg Orangen
60 g Ingwer
Saft von 1 Zitrone
70 g Honig

Für 4 Personen
Zubereitungszeit: ca. 15 Min.
+ 4 Std. oder über Nacht Tiefkühlen

Die Orangen halbieren und auspressen, 400 ml Saft abmessen. Den Ingwer schälen und mit Orangen- und Zitronensaft und Honig in den Küchenmixer geben. Alles fein pürieren und durch ein Sieb gießen. In einem gefriertauglichen Gefäß gut verschlossen mindestens 4 Std., am besten jedoch über Nacht, einfrieren.

Zum Servieren das Eis aus dem Tiefkühler nehmen und die gewünschte Menge mit einer Gabel aufkratzen. Das »Crushed Ice« in schöne Gläser füllen und nach Belieben mit einigen frischen Minzeblättchen garnieren. Den Rest frieren Sie einfach wieder ein.

MEIN TIPP: *Das ist genau der erfrischende Nachtisch, wie ich ihn mir an einem heißen Sommertag vorstelle. Der Gegensatz zwischen leichter Schärfe und säuerlicher Süße kühlt angenehm von innen. Das Eis schmeckt pur oder kann – auch zum Angeben – mit einem guten Winzersekt aufgegossen werden. Bei besonderen Anlässen serviere ich dieses Sorbet als Zwischengang, manchmal aber einfach nur als Nachmittagsüberraschung.*

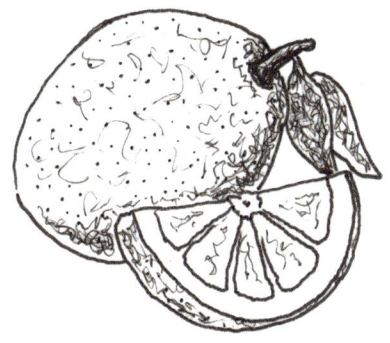

Herbst

Marinierte Rote Beten mit Rucola und gebackenem Schafskäse

Für die Roten Beten:

4 große Rote Beten
unbehandeltes Salz
1 Schalotte
3 EL Weißweinessig
4 EL klare Gemüsesuppe (Tipp S. 60)
1 TL mittelscharfer feiner Senf
10 ml Rapsöl
schwarzer Pfeffer aus der Mühle

Außerdem:

2 Bund Rucola
400 g Bio-Schafskäse
2 Scheiben altbackenes Brot
30 g Kürbiskerne
1 Bio-Ei
2 EL Mehl
8 EL Rapsöl zum Braten

Für 4 Personen
Zubereitungszeit: ca. 1 Std. 15 Min.
+ 30 Min. Ziehen

Für die Roten Beten: Die Roten Beten waschen und in reichlich Salzwasser in etwa 1 Std. gar kochen. Aus dem Wasser heben, kurz abkühlen lassen, dann schälen und in dünne Scheiben schneiden. Für die Marinade inzwischen Schalotte schälen und fein würfeln. Den Essig mit Suppe und Senf verrühren. Das Öl in einem dünnen Strahl dazugeben und so lange rühren, bis eine Bindung entstanden ist. Schalotte dazugeben und mit etwas Salz und Pfeffer kräftig abschmecken. Die Roten Beten in der Marinade etwa 30 Min. ziehen lassen.

Den Rucola waschen, trocken schütteln und grob schneiden. Die Rote-Bete-Scheiben aus der Marinade heben und kreisförmig wie ein Carpaccio auf Tellern anrichten. Ein kleines »Nest« mit Rucola auf den Rote-Bete-Scheiben anrichten, sodass die Rote Bete noch gut zu sehen ist, und 2 EL Marinade darüberträufeln.

Den Käse in vier gleich große Stücke schneiden. Brot und Kürbiskerne im Küchenmixer zu Paniermehl zerkleinern. Das Ei in einem Suppenteller verquirlen. Mehl und Paniermehl getrennt ebenfalls in Suppenteller geben. Den Schafskäse nacheinander durch Mehl, Ei und Paniermehl ziehen. In einer Pfanne in reichlich Öl knusprig ausbacken, noch warm auf Rucola und Roter Bete anrichten, sofort servieren.

ALLES VERWERTEN: *Sind noch Rote Beten übrig, lässt sich daraus eine Rote Suppe mit Steinpilztascherl (S. 178) zubereiten. Bei diesem Gericht ist es sehr wichtig, alle Zutaten gemeinsam zu essen. Das Cremig-Salzige des Schafskäses mit der Süße der Roten Beten und der Schärfe des Rucola ergibt ein wirklich unvergleichliches Geschmackserlebnis.*

Strudelecken mit Erdäpfelfüllung und Peperoni-Chutney

Für die Strudelecken:

*300 g mehligkochende Erdäpfel
(gern gekochte Erdäpfel vom Vortag)*
150 g Bio-Frischkäse
unbehandeltes Salz
schwarzer Pfeffer aus der Mühle
frisch geriebene Muskatnuss
3 Strudelblätter (ca. 40 x 40 cm; S. 119)
50 g zerlassene Bio-Sauerrahmbutter
*1 EL gequetschter Blaumohn (ersatz-
weise Waldviertler Graumohn)*

Für das Chutney:

8 rote mittelscharfe Peperoni
2 Zwiebeln
2 cm Ingwer
1 EL Bio-Sauerrahmbutter
1 TL mittelscharfer Senf
1 TL Sommerblütenhonig
unbehandeltes Salz

Für 4 Personen
Zubereitungszeit: ca. 45 Min.
+ 12 Min. Backen

Für die Strudelecken: Den Backofen auf 180 °C vorheizen. Ein Backblech mit Backpapier auslegen. Die Erdäpfel waschen und in reichlich Wasser in etwa 30 Min. gar kochen. Abgießen, kurz ausdampfen lassen und pellen. Noch warm durch die Erdäpfelpresse drücken, mit Frischkäse mischen und mit etwas Salz, Pfeffer und Muskat abschmecken.

Die Strudelblätter in 5 cm breite Streifen schneiden und mit der zerlassenen Butter bestreichen. Je 1 TL Füllung auf das untere Ende der Strudelteigstreifen geben. Die rechte untere Teigecke über die Füllung auf die linke Seite klappen und schrittweise nach oben klappen, sodass kleine Dreiecke entstehen. Die Strudelecken auf das Blech setzen, mit Mohn bestreuen und im heißen Ofen etwa 12 Min. backen. Aus dem Ofen nehmen und etwas abkühlen lassen.

Für das Chutney: Die Peperoni waschen, die Strünke entfernen und die Peperoni mit Kernen fein würfeln. Die Zwiebeln und den Ingwer schälen und fein würfeln. Die Butter in einem Topf zerlassen und Zwiebel-, Ingwer- und Peperoniwürfel darin bei mittlerer Hitze 5–10 Min. anschwitzen. Senf, Honig und etwas Wasser dazugeben und alles so lange einkochen, bis die Peperoni weich sind und die gewünschte Konsistenz erreicht ist. Vom Herd nehmen, mit etwas Salz abschmecken und etwas abkühlen lassen. Die Strudelecken mit dem Peperoni-Chutney servieren.

ALLES VERWERTEN: *Dieses Gericht eignet sich zum Knabbern für Zwischendurch oder als kleiner Begrüßungs-Snack für Gäste. Die Füllung dient hier nur als Anregung, auch Reste von Bohnenmus (S. 19), Kichererbsenpüree (S. 185) oder Selleriepüree (S. 135) eignen sich hervorragend dafür.*

Gefüllte Paradeiser mit Petersiliensalsa

Für die Paradeiser:

800 g Paradeiser nach Wahl
200 g restliches Selleriepüree (S. 135)
oder Kichererbsenpüree (S. 185)

Für die Salsa:

1 Bund Blattpetersilie
1 EL Kapern
Saft und abgeriebene Schale
von 1/2 unbehandelten Zitrone
1 EL geriebener reifer Bio-Käse
6 EL Rapsöl
unbehandeltes Salz
schwarzer Pfeffer aus der Mühle

Für 4 Personen
Zubereitungszeit: ca. 20 Min.

Für die Paradeiser: Die Paradeiser waschen, in Scheiben schneiden oder einen Deckel abschneiden und aushöhlen. Das Fruchtfleisch beiseitestellen. Die Paradeiser etwas abtropfen lassen und mit dem Sellerie- oder Kichererbsenpüree füllen oder aufeinander schichten.

Für die Salsa: Die Petersilie waschen, trocken schütteln und fein hacken. Etwas Paradeiserfruchtfleisch und die Kapern ebenfalls fein hacken. Petersilie, Paradeiser und Kapern mit Zitronensaft und -schale, Käse und Öl mischen und mit etwas Salz und Pfeffer würzen. Die Petersiliensalsa zu den gefüllten Paradeisern servieren.

Quiche mit Waldpilzen und Frühlingszwiebeln

Für Teig und Belag:

1 fertiger Blätterteigboden (ca. 30 cm Ø;
Kühlregal oder von einem guten Bäcker)
2 Handvoll Waldpilze (z. B. Steinpilze,
Eierschwammerl, Birkenpilze, Krause
Glucke)
1 Knoblauchzehe, 3 Thymianzweige
2 EL Rapsöl
unbehandeltes Salz
schwarzer Pfeffer aus der Mühle
Mehl zum Arbeiten

Für den Guss:

5 Bio-Eier
250 g Bio-Crème-fraîche
250 ml Bio-Vollmilch
unbehandeltes Salz
schwarzer Pfeffer aus der Mühle
2 Frühlingszwiebeln
50 g geriebener fester Bio-Bergkäse
oder Bio-Käsereste

Für 1 Springform (ca. 28 cm Ø)
Zubereitungszeit: ca. 35 Min.
+ 30 Min. Backen + 10 Min. Ruhen

Für Teig und Belag: Die Form mit Backpapier und Blätterteig auskleiden. Die Pilze putzen, kleine Exemplare ganz lassen und große längs halbieren. Falls die Pilze sehr schmutzig sind, mit Mehlwasser waschen: Dafür kaltes Wasser mit 3 EL Mehl in eine große Schüssel geben. Das Mehl wirkt wie Sandpapier und hilft den Schmutz abzuwaschen. Pilze im Mehlwasser einige Sekunden kräftig hin- und herschwenken, dann abgießen und mit Küchenpapier gut trocken tupfen.

Den Knoblauch schälen und in feine Scheiben schneiden. Den Thymian waschen, trocken schütteln und die Blättchen abzupfen. Die Pilze in einer Pfanne im heißen Öl mit Knoblauch und Thymian anbraten, mit etwas Salz und Pfeffer würzen und gleichmäßig auf dem Blätterteig verteilen. Den Backofen auf 160 °C (Unterhitze) vorheizen.

Für den Guss: Eier, Crème fraîche und Milch verquirlen und mit etwas Salz und Pfeffer würzen. Den Guss über die Pilze gießen und die Quiche im heißen Ofen (unten) in etwa 20 Min. goldbraun backen.

Inzwischen die Frühlingszwiebeln putzen, waschen und in Ringe schneiden. Die Quiche aus dem Ofen nehmen, die Hitze auf 180 °C (Ober- und Unterhitze) heraufschalten und die Quiche mit Käse und Frühlingszwiebeln bestreuen. Die Quiche nochmals etwa 10 Min. backen, dann aus dem Ofen nehmen und vor dem Servieren etwa 10 Min. ruhen lassen.

ALLES VERWERTEN: So eine Quiche backe ich gern, um gegarte Gemüse, Erdäpfel, Reis, Fleisch oder Fisch vom Vortag zu verarbeiten. Ich tausche sie dann einfach gegen die Pilze aus.

Romanische Pfannkuchen mit Kürbis-Mandel-Füllung und Vogerlsalat

Für die Pfannkuchen:

3 EL romanische Paste (ersatzweise getrocknete Paradeiser mit Oliven und Knoblauch fein pürieren)
200 ml Bio-Vollmilch
100 g Dinkelmehl, 2 Bio-Eier
1 EL zerlassene Bio-Sauerrahmbutter
Rapsöl zum Braten

Für die Füllung:

300 g Hokkaido-Kürbis
1 Handvoll Kräuter (z. B. Blattpetersilie, Schnittlauch, Dill, Estragon, Kerbel)
1 EL Bio-Sauerrahmbutter
100 g geschälte Mandeln
1 Knolle Knoblauch, Zehen geschält
2 TL Kapern, unbehandeltes Salz
schwarzer Pfeffer aus der Mühle

Für den Salat:

150 g Vogerlsalat
1 gekochter Erdapfel
100 ml klare Gemüsesuppe (Tipp S. 60)
Saft und abgeriebene Schale von
1 unbehandelten Zitrone
1 TL mittelscharfer grober Senf
2 EL Rapsöl
unbehandeltes Salz
schwarzer Pfeffer aus der Mühle

Für 4 Personen
Zubereitungszeit: ca. 1 Std.

Für die Pfannkuchen: Alle Zutaten außer dem Öl verrühren, bis ein gleichmäßiger Teig ohne Klümpchen entstanden ist. Jeweils etwas Öl in einer beschichteten Pfanne erhitzen und darin aus dem Teig nacheinander acht dünne Pfannkuchen ausbacken. Die Pfannkuchen sollen nicht braun werden.

Für die Füllung: Den Kürbis waschen, von den Kernen befreien und in etwa haselnussgroße Würfel schneiden. Die Kräuter waschen, trocken schütteln und grob hacken. Den Kürbis in einer Pfanne in der zerlassenen Butter in etwa 15 Min. weich garen. Mandeln und Knoblauch grob hacken und zum Kürbis geben. Kräuter sowie Kapern nach etwa 5 Min. unterheben, die Pfanne vom Herd nehmen und alles mit etwas Salz und Pfeffer würzen.

Für den Salat: Den Vogerlsalat waschen und trocken tupfen. Für das Dressing den Erdapfel pellen und mit einer Gabel zerdrücken. Dann mit den übrigen Zutaten mischen und mit etwas Salz und Pfeffer abschmecken.

Je zwei Pfannkuchen mit dem Kürbis-Mandel-Gemüse füllen, locker aufrollen und auf Teller setzen. Den Salat daneben anrichten und mit dem Dressing beträufeln.

ALLES VERWERTEN: *Pfannkuchen sind ein gutes Restlessen, um Gemüse vom Vortag zu verarbeiten. Ich brate es dann noch einmal kurz an, mische es mit frischen Kräutern und Käseresten und fülle die Pfannkuchen damit.*

Herzhafte Buchteln mit Gemüsefüllung

Für den Teig:

1 Würfel frischer Germ (42 g)

140 ml lauwarme Bio-Vollmilch

500 g Mehl

70 g zerlassene Bio-Sauerrahmbutter

3 Bio-Eier

3 Prisen unbehandeltes Salz

Bio-Sauerrahmbutter für die Form

Für die Füllung:

1 Zucchini

1 rote Paprikaschote

1 kleine Aubergine

2 Knoblauchzehen

1 Zwiebel

etwas Rapsöl

2 Thymianzweige

1 EL Paradeisermark

unbehandeltes Salz

schwarzer Pfeffer aus der Mühle

Für 4 Personen
Zubereitungszeit: ca. 1 Std.
+ 1,5 Std. Gehen + 25 Min. Backen

Für den Teig: Den Germ in der lauwarmen Milch auflösen und mit den restlichen Zutaten etwa 10 Min. kräftig durchkneten. Den Teig zu einer glatten Teigkugel formen und zugedeckt an einem warmen Ort etwa 1 Std. gehen lassen.

Für die Füllung: Zucchini, Paprika und Aubergine putzen und waschen, Knoblauch und Zwiebel schälen und alles fein würfeln. Das Öl in einem Topf erhitzen, das Gemüse mit dem Thymian darin anschwitzen und bei mittlerer Hitze in etwa 12 Min. weich garen. Das Paradeisermark dazugeben und alles mit etwas Salz und Pfeffer abschmecken. Die Füllung abkühlen lassen, die Thymianzweige wieder entfernen.

Eine Auflaufform mit Butter einstreichen. Den Teig nochmals gut durchkneten, in acht Stücke teilen und jedes zu einer Kugel formen. Mit dem Daumen eine Kuhle in jede Kugel drücken und mit Daumen und Zeigefinger ein Körbchen formen. Je 1 EL Gemüsefüllung in das Körbchen geben. Den Teig um die Füllung schließen und vorsichtig zu einer Kugel formen. Die Buchteln locker nebeneinander in die Auflaufform setzen, mit etwas Öl bestreichen und zugedeckt nochmals etwa 30 Min. gehen lassen.

Den Backofen auf 200 °C vorheizen. Die Buchteln im heißen Ofen etwa 25 Min. backen. Aus dem Ofen nehmen und etwas abkühlen lassen. Dann mit den Händen einzelne Buchteln abbrechen und nach Belieben mit etwas Bio-Schmand genießen.

Strudelpastete mit Bulgur, Ricotta und Brokkoli

Für den Strudelteig:
600 g doppelgriffiges Mehl
(Instant-Mehl)
2 Bio-Eier
3 Prisen unbehandeltes Salz
4 EL Rapsöl
Mehl zum Arbeiten
(alternativ auf frischen Strudelteig
eines guten Bäckers zurückgreifen)

Für die Füllung:
150 g Weizenbulgur
400 ml klare Gemüsesuppe (Tipp S. 60)
100 g zerlassene Bio-Sauerrahmbutter
1 Brokkoli
unbehandeltes Salz
250 g Bio-Ricotta

Für den Salat:
2 Handvoll gemischte Kräuter und
Salatblätter (z. B. Sauerampfer, Rucola,
Pimpinelle, Basilikum, junger Mangold)
einige Spritzer Zitronensaft
etwas kalt gepresstes Öl nach Wahl

Für 1 Springform (ca. 28 cm Ø)
Zubereitungszeit: ca. 1 Std.
+ 1 Std. Ruhen + 25 Min. Backen

Für den Strudelteig: Mehl, Eier, Salz und Öl mit 200 ml Wasser mischen und etwa 15 Min. mit den Händen kräftig durchkneten. Teig zu einer Kugel formen und unter einer heiß ausgespülten Porzellanschüssel etwa 45 Min. ruhen lassen, damit er elastisch und dehnbar wird. Dann den Teig auf einem bemehlten großen Küchentuch dünn ausrollen. Mit beiden Handrücken unter den Teig gehen und diesen vorsichtig sowie möglichst dünn ausziehen. Anschließend sieben Quadrate (ca. 40 cm Seitenlänge) zurechtschneiden.

Für die Füllung: Bulgur in die kochende Suppe einrieseln lassen, vom Herd nehmen und zugedeckt 10 Min. quellen lassen. Strudelblätter mit zerlassener Butter dünn bestreichen, fünf Blätter versetzt in eine Springform legen und leicht andrücken. Bulgur noch feucht auf dem Boden verteilen. Den Backofen auf 160 °C vorheizen. Brokkoli putzen, waschen und in Röschen teilen. Stiele schälen und in Scheiben schneiden, mit den Röschen in reichlich Salzwasser in etwa 8 Min. bissfest garen. Abgießen, kalt abschrecken und abtropfen lassen. Ricotta und Brokkoli auf dem Bulgur verteilen. Übrige Strudelblätter als Deckel auflegen und überstehende Teigecken zu einem Rand formen. Die Pastete im heißen Ofen etwa 25 Min. backen. Herausnehmen, 15 Min. ruhen lassen.

Für den Salat: Kräuter und Salatblätter waschen und trocken schleudern. Kräuter grob zerzupfen, mischen und auf der Pastete anrichten. Mit Zitronensaft und Öl beträufeln.

ALLES VERWERTEN: *Die frischen Kräuter setze ich hier erst zum Servieren auf die Pastetet, im Ofen verlieren sie ihr Aroma. Aus Strudelteigresten bereite ich noch kleine Vorspeisen für den nächsten Tag zu, zum Beispiel Strudelecken (S. 108).*

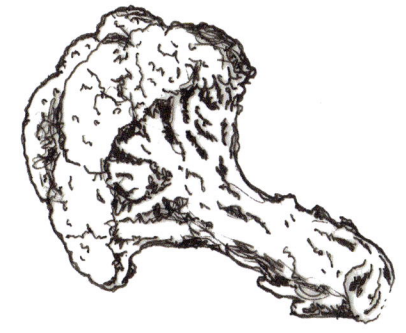

Alles verwerten

Sollte vom Kürbisragout was übrig bleiben, zerstampfe ich das Ganze und mische ein paar getrocknete Apfelwürfel und frisch geriebenen Kren darunter. So erhalte ich einen vorzüglichen vegetarischen Brotaufstrich.

Hokkaido-Erdäpfel-Ragout mit Kürbiskernen

*500 g festkochende Erdäpfel
(z. B. Bamberger Hörnchen)
500 g Hokkaido-Kürbis
6 Thymianzweige
700 ml klare Gemüsesuppe (Tipp S. 60)
6 Blattpetersilienstiele
3 EL Bio-Sauerrahmbutter
80 g geriebener Bio-Parmesan
5 EL Kürbiskerne
unbehandeltes Salz
schwarzer Pfeffer aus der Mühle*

Für 4 Personen
Zubereitungszeit: ca. 30 Min.

Die Erdäpfel schälen, waschen und in haselnussgroße Würfel schneiden. Kürbis halbieren, waschen, von den Kernen befreien und ebenfalls in haselnussgroße Würfel schneiden. (Beim Hokkaido kann man sich das Schälen sparen und die Schale mitessen.) Thymian waschen, trocken schütteln und die Blättchen abzupfen. Die Erdäpfel- und Kürbiswürfel mit Thymian und Suppe in einen großen Topf füllen, aufkochen und etwa 12 Min. kochen, bis Erdäpfel und Kürbis weich sind. Da die Suppe einkochen soll, bitte keinen Deckel benutzen.

Inzwischen die Petersilie waschen, trocken schütteln und grob hacken. Die Butter und den Parmesan zum fertigen Ragout geben und die Thymianzweige entfernen. Das Ragout vom Herd nehmen, mit Petersilie und Kürbiskernen bestreuen und mit etwas Salz und Pfeffer abgeschmeckt servieren.

Piroggen mit Salbeibutter

Für den Nudelteig:

300 g doppelgriffiges Mehl (Instant-Mehl)
2 Prisen unbehandeltes Salz
3 Bio-Eier
2 EL Rapsöl
Mehl für die Arbeitsfläche

Für die Füllung:

150 g Pastinaken
150 g Knollensellerie
unbehandeltes Salz
2 EL Bio-Sauerrahmbutter
schwarzer Pfeffer aus der Mühle
frisch geriebene Muskatnuss

Für die Salbeibutter:

1/2 Bund Salbei
2 EL Bio-Sauerrahmbutter

Für 4 Personen
Zubereitungszeit: ca. 1 Std.
+ 2 Std. Kühlen

Für den Nudelteig: Mehl und Salz mischen und in die Mitte eine Mulde drücken, Eier und Öl in die Mulde geben. Alle Zutaten von der Mitte aus mischen, dabei das Mehl nach und nach unterkneten. Teig etwa 10 Min. kräftig kneten, in ein feuchtes Küchentuch wickeln und für etwa 2 Std. kühl stellen.

Für die Füllung: Pastinaken und Sellerie schälen, grob würfeln und in reichlich Salzwasser in etwa 15 Min. weich kochen. Abgießen und mit der Butter pürieren. Mit etwas Salz, Pfeffer und Muskat würzen. Den Nudelteig auf wenig Mehl dünn ausrollen und Kreise ausstechen (ca. 8 cm Ø; z. B. mit einem Trinkglas). Je 1 EL Füllung in die Mitte setzen. Die Ränder mit Wasser bestreichen, den Teig über die Füllung klappen und gut zusammendrücken. Die Piroggen in reichlich Salzwasser in etwa 6 Min. »al dente« kochen.

Für die Salbeibutter: Salbei waschen, trocken schütteln, Blättchen abzupfen und in feine Streifen schneiden. Piroggen mit einer Schaumkelle aus dem Topf direkt in die Pfanne geben und in der zerlassenen Butter goldbraun braten. Salbei dazugeben und alles gut durchschwenken. Die Piroggen mit Butter und Salbei auf vorgewärmten Tellern servieren.

ALLES VERWERTEN: *Aus den übrigen Pastinaken, aber auch aus Roten Beten oder Karotten stelle ich gern Backofenchips her. Dafür schäle ich das Gemüse und schneide es in hauchfeine Scheiben. Mit etwas unbehandeltem Salz und schwarzem Pfeffer aus der Mühle, Gewürzmischungen oder Sojasauce würzen und nebeneinander (!) auf ein mit Backpapier ausgelegtes Blech setzen. Im auf 70 °C vorgeheizten Ofen etwa 6 Std. trocknen lassen. Dabei lasse ich einen Kochlöffel in der Tür, damit der Wasserdampf abziehen kann. Die Chips verpacke ich nach dem Abkühlen luftdicht, so halten sie sich etwa 1 Monat.*

Alles verwerten

Aus überzähligen Semmelknödeln mache ich sehr gern Falsche Wiener Schnitzel. Dafür die kalten Knödel in etwa 1 cm dicke Scheiben schneiden und nacheinander in Mehl, verquirltem Ei und Semmelbröseln panieren. Die Falschen Wiener Schnitzel in etwas Butter knusprig goldbraun braten und zum Beispiel mit grünem Salat servieren.

Böhmische Semmelknödel mit Waldpilzen

Für die Semmelknödel:

300 g altbackenes Brot (z. B. Graubrot,
Laugengebäck oder alte Semmeln)
80 ml lauwarme Bio-Vollmilch
1/2 Bund Blattpetersilie, 1 Zwiebel
1 EL Bio-Sauerrahmbutter, 1 Bio-Ei
unbehandeltes Salz
schwarzer Pfeffer aus der Mühle
frisch geriebene Muskatnuss

Für die Pilze:

300 g gemischte Waldpilze (z. B. Steinpilze, Maronen, Eierschwammerl,
Herbsttrompeten, Hallimasch)
3 Thymianzweige
2 Frühlingszwiebeln, 1 Zwiebel
2 Knoblauchzehen, angedrückt
1 EL Bio-Sauerrahmbutter
unbehandeltes Salz
schwarzer Pfeffer aus der Mühle

Für 4 Personen
Zubereitungszeit: ca. 1 Std.

Für die Semmelknödel: Das Brot etwa haselnussgroß würfeln und in der Milch zugedeckt etwa 20 Min. ziehen lassen. Inzwischen Petersilie waschen, trocken schütteln und fein hacken. Zwiebel schälen, fein würfeln und in einer Pfanne in der zerlassenen Butter glasig dünsten. Zwiebel samt Butter, Petersilie und Ei zu den Brotwürfeln geben und vorsichtig unterheben. Die Masse nicht zu stark kneten, sonst werden die Knödel zu fest. Mit etwas Salz, Pfeffer und Muskat würzen.

Aus der Knödelmasse mit angefeuchteten Händen etwa 90 g schwere Knödel formen. Reichlich Salzwasser aufkochen und die Knödel darin etwa 10 Min. garziehen lassen. Wenn die Knödel nach oben steigen, sind sie gar. Mit einer Schaumkelle herausnehmen und auf einer Platte abtropfen lassen.

Für die Pilze: Die Pilze putzen, falls nötig, waschen (S. 112) und grob in Stücke schneiden. Thymian waschen und trocken schütteln. Frühlingszwiebeln putzen, waschen und in feine Ringe schneiden. Zwiebel schälen, fein würfeln und mit dem Knoblauch in der zerlassenen Butter anschwitzen. Pilze und Thymian dazugeben und etwa 5 Min. mitbraten. Frühlingszwiebeln hinzufügen, alles durchheben und mit etwas Salz und Pfeffer abschmecken. Zu den Semmelknödeln servieren.

Paradeiser-Bohnen-Eintopf mit Sauerrahm und Schnittlauch

Für die Bohnen:

50 g getrocknete weiße Saubohnen
50 g getrocknete Kidneybohnen
50 g getrocknete Wachtelbohnen
50 g getrocknete Augenbohnen

Für den Eintopf:

2 Zwiebeln
6 Knoblauchzehen
1 Chili (z. B. Bird Eye)
1 EL Bio-Sauerrahmbutter
2 TL getrocknetes Bohnenkraut
2 TL Paradeisermark
2 l klare Gemüsesuppe (Tipp S. 60)
200 g grüne Bohnen
250 ml Paradeiserstücke (Dose)
unbehandeltes Salz
schwarzer Pfeffer aus der Mühle

Außerdem:

1/2 Bund Schnittlauch
4 Blattpetersilienstiele
200 g Bio-Sauerrahm

Für 4 Personen
Zubereitungszeit: ca. 2 Std.
+ über Nacht Einweichen

Für die Bohnen: Alle Bohnen über Nacht in Wasser einweichen. Dabei die Saubohnen in ein eigenes Gefäß geben – da sie größer sind, benötigen sie eine längere Garzeit. Zum Kochen die Bohnen wieder abgießen.

Für den Eintopf: Zwiebeln und Knoblauch schälen und fein würfeln. Chili putzen, waschen und fein hacken. Zwiebeln und Knoblauch in der zerlassenen Butter anschwitzen, Bohnenkraut, Chili und Paradeisermark dazugeben. Die Suppe zugießen, zunächst nur die Saubohnen hinzufügen und etwa 30 Min. köcheln lassen. Dann die übrigen eingeweichten Bohnen dazugeben und noch etwa 1 Std. köcheln lassen.

Inzwischen die grünen Bohnen putzen, waschen und halbieren. Nach 1 Std. Garzeit mit den Paradeiserstücken in den Eintopf geben und alles ohne Deckel noch etwa 15 Min. köcheln lassen. Die Suppe soll gut einkochen, um die richtige Konsistenz zu erhalten. Sobald die ersten Bohnen zerfallen, ist der Eintopf fertig. Mit etwas Salz und Pfeffer abschmecken.

Den Schnittlauch und die Petersilie waschen, trocken schütteln und grob hacken beziehungsweise in Röllchen schneiden. Den Eintopf in vorgewärmte Suppenteller füllen, je 1 EL Sauerrahm daraufsetzen und mit den Kräutern bestreuen.

ALLES VERWERTEN: *Reste vom Eintopf können Sie auch am nächsten Tag essen. Am besten schmeckt der Eintopf ohnehin, wenn er einen Tag durchziehen konnte. Sollte er noch zu flüssig sein, können Sie etwas altes Brot in den Eintopf bröseln.*

Gebratene Schupfnudeln
mit Spitzkohl und Brunnenkressesauce

Für die Sauce:
100 ml klare Gemüsesuppe (Tipp S. 60)
100 g Brunnenkresse
50 g Bio-Frischkäse
unbehandeltes Salz
schwarzer Pfeffer aus der Mühle

Für den Spitzkohl:
1 kleiner Spitzkohl
1 Schalotte
2 EL Rapsöl
1 TL Kümmelsamen
unbehandeltes Salz
schwarzer Pfeffer aus der Mühle

Für die Schupfnudeln:
300 g mehligkochende Erdäpfel
(z. B. Ackersegen)
1 Bio-Eidotter
3 EL Mehl
1 EL zerlassene Bio-Sauerrahmbutter
unbehandeltes Salz
schwarzer Pfeffer aus der Mühle
Mehl für die Arbeitsfläche

Für 4 Personen
Zubereitungszeit: ca. 1 Std.

Für die Sauce: Die Suppe in einem Topf aufkochen. Die Brunnenkresse gründlich waschen und in der Suppe etwa 2 Min. blanchieren. Den Frischkäse dazugeben, alles fein pürieren und mit etwas Salz und Pfeffer würzen.

Für den Spitzkohl: Den Kohl putzen, halbieren, entstrunken und in walnussgroße Stücke schneiden. Die Schalotte schälen und fein würfeln. Kohl und Schalotte in einer Pfanne im heißen Öl anbraten und mit Kümmel, etwas Salz und Pfeffer würzen. Der Kohl ist bereits nach etwa 5 Min. gar.

Für die Schupfnudeln: Erdäpfel waschen und in reichlich Wasser in etwa 30 Min. gar kochen. Abgießen, kurz ausdampfen lassen und pellen. Noch warm durch die Erdäpfelpresse drücken und mit Eidotter, Mehl und zerlassener Butter mischen. Mit etwas Salz und Pfeffer würzen und alles mit den Händen vorsichtig zu einem Teig kneten. Den Teig in einen Spritzbeutel füllen und damit einen langen Strang auf die bemehlte Arbeitsfläche spritzen. Den Streifen mit dem Messerrücken schräg etwa 5 cm lange Stücke schneiden und mit den Fingern zu Schupfnudeln rollen. In reichlich kochendem Salzwasser etwa 5 Min. garziehen lassen. Wenn sie nach oben steigen, sind sie gar. Mit einer Schaumkelle aus dem Topf direkt zur Kohlpfanne geben und darin etwas mitbraten. Auf vorgewärmten Teller anrichten und die Sauce darübergießen.

ALLES VERWERTEN: *Der Erdäpfelteig von den Schupfnudeln dient mir als Grundrezept für alle möglichen Erdäpfelrezepte. Aus den Teigresten stelle ich zum Beispiel auch gern Erdäpfelknödel (S. 84), Kroketten oder Gnocchi her.*

Alles verwerten

Die Lasagne schmeckt auch am nächsten Tag kalt noch sehr gut.
Also ruhig einmal ein bisschen mehr davon backen oder noch ein
paar Gemüsereste mit verarbeiten.

Auberginenlasagne mit Paradeiser und Büffelmozzarella

Für die Sauce:

2 Knoblauchzehen
3 Schalotten
2 EL getrocknete Paradeiser
1 Chilischote
mildes Olivenöl
400 ml Paradeiserstücke (Dose)
1 TL Oreganoblättchen
4 Thymianzweige, abgezupft
unbehandeltes Salz
schwarzer Pfeffer aus der Mühle

Außerdem:

5 Auberginen
250 g Büffelmozzarella
100 g geriebener Bio-Parmesan

Für 4 Personen
Zubereitungszeit: ca. 45 Min.
+ 40 Min. Backen

Für die Paradeisersauce: Den Knoblauch und die Schalotten schälen und würfeln. Die getrockneten Paradeiser fein hacken. Die Chili putzen, waschen und fein hacken. Knoblauch und Schalotten in etwas heißem Öl andünsten, die restlichen Zutaten dazugeben und alles sehr dick einkochen, bis eine Art Brei entstanden ist.

Den Backofen auf 160 °C vorheizen. Die Auberginen putzen, waschen und in etwa 1 cm dicke Scheiben schneiden. In einer Pfanne ohne Fett portionsweise bei mittlerer Hitze von beiden Seiten braten, bis sie schön braun und trocken sind. Inzwischen Mozzarella in dünne Scheiben schneiden.

Auberginenscheiben, Sauce, Mozzarella und Parmesan abwechselnd in eine Auflaufform schichten, dabei mit Mozzarella und Parmesan abschließen. Die Lasagne im heißen Ofen etwa 40 Min. backen. Die restliche Sauce erwärmen und auf Tellern anrichten. Die Auberginenlasagne portionieren und auf die Sauce setzen. Nach Belieben mit 1 Handvoll frisch gehackter Kräutern garnieren.

Zweierlei gefüllter Chamäleon-Kürbis

Für den Kürbis:

*1 kg gemischte Paradeiser (z. B. Ochsen-
herz-, Kirsch- und Strauchparadeiser)*
2 Chilischoten
2 Knoblauchzehen
4 Thymianzweige
unbehandeltes Salz
300 ml klare Gemüsesuppe (Tipp S. 60)
*2 Chamäleon-Kürbisse (ersatzweise
Hokkaido-Kürbisse)*

Für die Couscous-Füllung:

400 ml klare Gemüsesuppe
150 g Couscous
2 EL Bio-Sauerrahmbutter
1 Zwiebel
1 gelbe Paprikaschote
1 Blattpetersilienstiel
1 TL gemahlener Kreuzkümmel

Für die Spinat-Schafskäse-Füllung:

300 g junger Spinat
1 EL Bio-Sauerrahmbutter
unbehandeltes Salz
frisch geriebene Muskatnuss
*100 g Bio-Schafskäse (Feta; ersatzweise
Bio-Ziegenkäse)*

Für 4 Personen
Zubereitungszeit: ca. 1 Std.
+ 1 Std. Backen

Für den Kürbis: Die Paradeiser waschen und grob würfeln, dabei die Stielansätze entfernen. Die Chilis putzen, waschen und in Ringe schneiden. Den Knoblauch schälen und in Scheiben schneiden. Den Thymian waschen und trocken schütteln. Die Paradeiser in eine große Auflaufform setzen, Chili, Knoblauch und Thymian dazugeben, etwas salzen und die Suppe zugießen. Die Kürbisse waschen, jeweils einen Deckel abschneiden und die Kürbisse von den Kernen befreien. Die Kürbisse auf die Paradeiser setzen.

Für die Couscous-Füllung: Die Suppe aufkochen. Couscous mit kochender Suppe übergießen, die Butter unterrühren und Couscous etwa 10 Min. ausquellen lassen. Die Zwiebel schälen, Paprika putzen und waschen und beides fein würfeln. Petersilie waschen, trocken schütteln und grob hacken. Dann Zwiebel, Paprika und Petersilie zum Couscous geben, gut unterheben und alles mit Kreuzkümmel würzen. In einen der Kürbisse füllen und den Deckel aufsetzen.

Für die Spinat-Feta-Füllung: Den Backofen auf 160 °C vorheizen. Den Spinat waschen, trocken schleudern und tropfnass in einem Topf in der zerlassenen Butter zusammenfallen lassen. Mit etwas Salz und Muskat abschmecken. Den Schafskäse dazubröseln, alles gründlich mischen und in den zweiten Kürbis füllen, den Deckel aufsetzen.

Die Kürbisse im heißen Ofen in etwa 1 Std. weich backen. Die Form aus dem Ofen nehmen und in die Mitte des Tisches stellen, sodass sich jeder nach Wunsch selbst nehmen kann.

ALLES VERWERTEN: *Beim Hokkaido-Kürbis ist die Schale essbar, beim Chamäleon-Kürbis nicht – hier darf man sich die Füllung umso mehr schmecken lassen.*

Brathähnchen mit Fenchel und Selleriepüree

Für das Hähnchen:

1 Bio-Hähnchen (ca. 2 kg; küchenfertig)
1 säuerlicher Apfel (z. B. Boskoop)
1 Bund Blattpetersilie
2 EL okzitanische Paste (ersatzweise Kräuter der Provence)

Für den Fenchel:

1 Fenchel
4 Peperoni
1 Knolle Knoblauch, waagerecht halbiert
1 Salzzitrone (S. 43, ersatzweise
1 unbehandelte Zitrone)
200 ml klare Hühnersuppe oder Wasser

Für das Selleriepüree:

1 Knollensellerie
unbehandeltes Salz
200 ml Bio-Vollmilch
schwarzer Pfeffer aus der Mühle
frisch geriebene Muskatnuss

Außerdem:

2 Schalotten
2 EL kalte Bio-Sauerrahmbutter
2 EL Bio-Crème-fraîche
unbehandeltes Salz
schwarzer Pfeffer aus der Mühle

Für 4 Personen
Zubereitungszeit: ca. 45 Min.
+ 1 Std. Backen

Für das Hähnchen: Backofen auf 200 °C vorheizen. Hähnchen waschen und trocken tupfen. Apfel waschen, halbieren, entkernen und würfeln. Petersilie waschen, trocken schütteln und grob hacken. Apfelwürfel und Petersilie mischen und das Hähnchen damit füllen. Paste mit 6 EL Wasser verrühren.

Für den Fenchel: Fenchel waschen, vierteln und mit Peperoni, Knoblauch und halbierter Salzzitrone in einen Bräter legen. Suppe zugießen. Das Hähnchen auf das Gemüse setzen und im heißen Ofen etwa 1 Std. braten. Dabei Hähnchen und Gemüse alle 20 Min. mit verdünnter Gewürzpaste bestreichen.

Für das Selleriepüree: Sellerie schälen, waschen und in haselnussgroße Stücke schneiden. In Salzwasser etwa 15 Min. weich kochen. Wasser abgießen, Milch dazugeben und alles fein pürieren. Sollte das Püree zu fest sein, noch etwas Milch dazugeben. Mit etwas Salz, Pfeffer und Muskat abschmecken.

Das Hähnchen aus dem Ofen nehmen und auf ein Schneidebrett legen. Etwas Saft aus der Salzzitrone über das Hähnchen träufeln. Für die Sauce den Bratenfond durch ein Sieb geben und auffangen. Die Schalotten schälen und fein würfeln. In einer Pfanne in 1 EL Butter anschwitzen und mit dem Bratfond ablöschen. Alles etwa auf die Hälfte einkochen. Übrige kalte Butter und die Crème fraîche dazugeben und die Sauce mit dem Stabmixer schaumig aufschlagen, dann mit etwas Salz und Pfeffer würzen. Das Hähnchen bei Tisch zerteilen und Fenchel, Selleriepüree und Sauce separat dazu servieren.

ALLES VERWERTEN: *Übriges Püree für Handbrote (S. 68), Strudelecken (S. 108) oder gefüllte Paradeiser (S. 111) verwenden.*

Romanische Schälrippen mit Ofengemüse und Apfel-Sellerie-Salat

Für die Rippen:

2 kg Schälrippen vom Schwein
90 g romanische Paste (ersatzweise getrocknete Paradeiser mit Oliven und Knoblauch fein pürieren)

Für das Ofengemüse:

1 Zucchini, 1 rote Zwiebel
1 gelbe Paprikaschote
1 Zweig Kirschparadeiser
4 Peperoni, 2 Karotten
unbehandeltes Salz
schwarzer Pfeffer aus der Mühle
3 EL Rapsöl

Für den Salat:

1 säuerlicher Äpfel (z. B. Holsteiner Cox oder Elstar)
1/4 Knollensellerie, Saft von 1/2 Zitrone
5 Walnusskernhälften
1 EL Mayonnaise (Tipp)
1 EL griechischer Joghurt (10 % Fett)
unbehandeltes Salz
schwarzer Pfeffer aus der Mühle

Für 4 Personen
Zubereitungszeit: ca. 45 Min.
+ 50 Min. Braten

Für die Rippen: Den Backofen auf 160 °C vorheizen. Die Rippen gut mit der Paste einreiben und auf ein Backblech setzen.

Für das Ofengemüse: Das Gemüse schälen beziehungsweise putzen, waschen und in grobe Stücke schneiden. In einer Schüssel mit etwas Salz, Pfeffer und dem Öl mischen. Das marinierte Gemüse auf das Backblech neben den Rippen verteilen und alles im heißen Ofen etwa 50 Min. braten. Etwa 5 Min. vor Garzeitende den Backofengrill zuschalten, damit die Rippen knusprig werden. (Nicht verbrennen lassen!)

Für den Salat: Apfel waschen, vierteln und entkernen. Sellerie schälen und mit dem Apfel fein raspeln, beides sofort mit dem Zitronensaft beträufeln. Die Walnusskerne grob hacken. Mayonnaise und Joghurt unter die Apfel-Sellerie-Mischung rühren. Die Walnüsse dazugeben und alles mit etwas Salz und Pfeffer abschmecken. Den Salat zu den Schälrippen servieren.

ALLES VERWERTEN: *Übrig gebliebenes Ofengemüse würfele ich sehr fein und mische es mit Bio-Frischkäse oder Bio-Topfen. Das ergibt einen schönen Brotaufstrich oder Dip für Rohkost! Mayonnaise mache ich am liebsten selbst: 2 Bio-Eidotter mit 1 TL feinem Senf und 30 ml Rapsöl in einen hohen Rührbecher geben. Wichtig ist, dass alle Zutaten die gleiche Temperatur haben. Mit dem Stabmixer alles kurz zu einer Mayonnaise schlagen und mit etwas unbehandeltem Salz, schwarzem Pfeffer aus der Mühle und Zitronensaft abschmecken.*

Alles verwerten

Reste von Birnen, Bohnen, Speck sind eine hervorragende Grundlage für Gemüseeintöpfe aller Art. Geben Sie zum Beispiel Kohlrabi, Karotten, Karfiol, Brokkoli oder, was Sie sonst noch im Kühlschrank haben, geputzt und klein geschnitten dazu und kochen es so lange mit, bis das Gemüse weich ist. Kurz vor dem Servieren 1 gute Handvoll frisch gehackte Petersilie untermischen ... und Sie haben ein völlig neues Gericht.

Birnen, Bohnen, Speck

600 g durchwachsener Bauchspeck am Stück (z. B. vom Bentheimer oder Schwäbisch-Hallischen Landschwein)
12 kleine vorwiegend festkochende Erdäpfel (z. B. Bamberger Hörnchen oder La Ratte)
750 g grüne Bohnen
4 Kochbirnen
1/2 Bund Blattpetersilie
etwas Speisestärke

Für 4 Personen
Zubereitungszeit: ca. 1 Std. 40 Min.

Den Bauchspeck in einen großen Topf geben, mit 2,5 l Wasser aufgießen und alles etwa 1 Std. kochen. Inzwischen die Erdäpfel, die Bohnen und die Birnen putzen und waschen. Nach 1 Std. Garzeit zum Speck in den Topf geben. Alles bei schwacher Hitze noch etwa 30 Min. kochen lassen. Inzwischen die Petersilie waschen, trocken schütteln und fein hacken.

Zum Servieren den Bauchspeck aus der Suppe nehmen, in Scheiben schneiden und in Suppenteller legen. Die Suppe mit etwas verrührter Stärke binden. Birnen, Bohnen und Erdäpfel auf den Speck setzen, mit der Suppe beträufeln und mit der Petersilie garnieren.

MEIN TIPP: *Fragen Sie Ihren Schlächter oder die Angestellten an der Fleischtheke nach Eberfleisch. Fleisch von diesen Tieren ist eine sinnvolle Alternative zur Kastration von Ferkeln. Denn noch ist der Anteil der Eber an der Schweinemast viel zu gering, Ihre Nachfrage könnte dabei helfen ihn zu erhöhen. Eberfleisch bedeutet mehr Tierschutz.*

Sauerkraut – selbst gemacht & als Beilage

Für selbst gemachtes Sauerkraut:

3 kg Weißkohl
grobes unbehandeltes Salz (Menge
nach Gewicht des Kohls)
2 Lorbeerblätter
2 TL Kümmelsamen

Für 1 großen Steinguttopf
Zubereitungszeit: ca. 30 Min.
+ mehrere Wochen Ziehen

Für Sauerkraut als Beilage:

1 kg Sauerkraut (siehe oben)
1 EL Butterschmalz
3 Lorbeerblätter
3 TL gemahlener Kümmel
6 Pimentkörner
400 ml klare Gemüsesuppe (Tipp S. 60)
1 mehligkochender Erdapfel
etwas unbehandeltes Salz
schwarzer Pfeffer aus der Mühle

Für 4 Personen
Zubereitungszeit: ca. 40 Min.

Für selbst gemachtes Sauerkraut: Den Kohl putzen, vierteln, entstrunken und fein hobeln. Auf 1 kg Kohl 25 g grobes Salz abmessen, zum Kraut geben und kräftig durchkneten, sodass Saft austritt. Das Kraut etwa 30 Min. ziehen lassen, nochmals kräftig durchkneten. Lorbeer und Kümmel dazugeben und alles gut mischen. Das Kraut in große saubere Gläser oder einen Steinguttopf füllen und fest stampfen. Die Luft soll entweichen, damit das Kraut nicht verdirbt. Die Flüssigkeit aus der Schüssel zugießen. Eventuell mit etwas Salzlake (3 EL Salz auf 2 l Wasser) auffüllen, sodass das Kraut komplett von Flüssigkeit bedeckt ist. Mit einem Mulltuch zudecken, einen Teller umgedreht darauflegen und mit einem Glas Wasser beschweren, damit das Kraut nicht »aufschwimmen« kann.

Das Kraut bei Zimmertemperatur stehen lassen und täglich prüfen, ob genug Lake darauf ist. Entstehenden Schaum abschöpfen. Das Mulltuch alle 5 Tage wechseln. Das Sauerkraut ist fertig vergoren, wenn keine Bläschen mehr aufsteigen. Dann in saubere Gläser füllen, gut verschließen und kühl lagern. So hält es etwa 2 Monate (im Bild).

Für Sauerkraut als Beilage: Das Sauerkraut waschen, abtropfen lassen und im Butterschmalz anschwitzen. Es ist reine Geschmackssache, ob man das Kraut wäscht oder im eigenen Sud aufkocht. Wer es richtig sauer mag, sollte auf das Waschen verzichten. Ich wasche das Kraut, um nur eine milde Säure zu erhalten. Lorbeer, Gewürze und Suppe hinzufügen und alles zugedeckt etwa 30 Min. köcheln lassen. Erdapfel schälen, fein reiben und nach und nach dazugeben, bis die Suppe leicht bindet. Zuletzt etwas salzen und pfeffern (ohne Abbildung).

ALLES VERWERTEN: *Reste vom Sauerkraut mit eingeweichten, klein geschnittenen getrockneten Steinpilzen mischen. Eignet sich hervorragend als Füllung für Nudeltaschen.*

Zwetschgenkuchen mit Mandelhaube von Eugenie

Für die Zwetschgen:
1 kg süße Zwetschgen

Für den Teig:
200 g Bio-Obers
200 g Rohrzucker
1 EL Vanillezucker (Tipp S. 23)
unbehandeltes Salz
3 Bio-Eier
250 g Mehl
1 Päckchen Weinsteinbackpulver
200 g gemahlene Mandeln
Bio-Butter und Mehl für die Form

Für den Belag:
100 g Bio-Butter
100 g Rohrzucker
75 g Bio-Obers
200 g Mandelblättchen

Für 1 Backblech oder Auflaufform
Zubereitungszeit: ca. 30 Min.
+ 37 Min. Backen

Für die Zwetschgen: Die Zwetschgen waschen, halbieren und den Kern entfernen.

Für den Teig: Den Backofen auf 170 °C vorheizen. Ein Backblech oder eine Auflaufform mit Butter einstreichen und mit Mehl ausstreuen. Den Obers steif schlagen. Zucker, Vanillezucker, 1 Prise Salz und Eier dazugeben und unterrühren. Das Mehl mit dem Backpulver sieben, mit den Mandeln mischen und unterheben.

Den Teig gleichmäßig auf dem Backblech verstreichen und den Kuchen im heißen Ofen etwa 5 Min. backen. Dann den Kuchen aus dem Ofen nehmen und die Zwetschgenhälften mit der Schnittfläche in den Teig drücken, sodass eine Hälfte noch aus dem Teig herausschaut. Den Kuchen im heißen Ofen nochmals 15–20 Min. backen.

Für den Belag: Inzwischen Butter, Zucker und Obers in einem Topf aufkochen und die Mandelblättchen dazugeben. Den Kuchen aus dem Ofen nehmen, die Mandel-Butter-Mischung gleichmäßig über die Zwetschgen verteilen und den Kuchen noch 10–12 Min. backen. Aus dem Ofen nehmen und kurz abkühlen lassen. Nach Belieben mit Schlagobers servieren.

EUGENIES TIPP: *Der Kuchen lässt sich gut den Jahreszeiten anpassen, er schmeckt auch mit Kirschen oder Stachelbeeren. Im Frühjahr backe ich ihn gern mit Rhabarber.*

Birnen-Schmand-Kuchen

Für den Mürbeteig:

300 g Mehl
100 g Staubzucker
200 g kalte Bio-Butter
500 g getrocknete Kichererbsen
zum Blindbacken
Bio-Butter für die Form
Mehl für die Arbeitsfläche

Für den Belag:

300 g Bio-Honigmarzipan
250 g zerlassene Bio-Butter
1 Bio-Ei
30 g Mehl
6 weiche Birnen (z. B. Conference
oder Clapps Liebling)

Für den Guss:

400 g Bio-Schmand
3 Bio-Eidotter
100 g Staubzucker
abgeriebene Schale von
1 unbehandelten Zitrone
3 EL Pinienkerne
etwas zerlassene Butter

Für 1 Tarte- oder Springform (28 cm Ø)
Zubereitungszeit: ca. 35 Min.
+ 30 Min. Kühlen + 12 Min. Blindbacken
+ 50 Min. Backen + 1 Std. Ruhen

Für den Mürbeteig: Das Mehl mit Zucker mischen und auf die Arbeitsfläche häufen. Die Butter in Flöckchen daraufsetzen und alles mit den Händen schnell zu einem festen Teig kneten. Zu einer Kugel formen, in ein feuchtes Küchentuch wickeln und für etwa 30 Min. kühl stellen.

Den Backofen auf 200 °C vorheizen. Die Form mit Butter einstreichen. Den Teig auf wenig Mehl etwa 5 mm dick zu einem Kreis (ca. 32 cm Ø) ausrollen. In die Form setzen und einen kleinen Rand formen, überstehenden Teig entfernen. Backpapier auf den Teig legen, die Kichererbsen daraufüllen und den Boden im heißen Ofen etwa 12 Min. blind backen.

Für den Belag: Inzwischen das Marzipan klein würfeln. Die Butter mit Marzipan, Ei und Mehl geschmeidig verrühren und auf dem Mürbeteig verstreichen. Die Birnen schälen, halbieren, entkernen und außen gitterartig einritzen. Die Birnenhälften mit der Schnittfläche nach unten nebeneinander auf die Marzipanfüllung legen.

Für den Guss: Den Backofen auf 180 °C herunterschalten. Alle Zutaten außer der Butter mischen und so über den Kuchen gießen, dass die Birnen noch etwas herausschauen. Die Birnen mit zerlassener Butter bestreichen und den Kuchen im heißen Ofen 40–50 Min. backen. Den Kuchen aus dem Ofen nehmen und vor dem Anschneiden noch etwa 1 Std. ruhen lassen. Reichen Sie gern Marillenkompott (Tipp S. 197) dazu.

ALLES VERWERTEN: *Die Kichererbsen zum Blindbacken nicht wegwerfen. Durch das Backen entwickeln sie einen angenehm nussigen Geschmack. Ich mache daraus zum Beispiel ein Kichererbsenpüree zur Lammkeule (S. 185).*

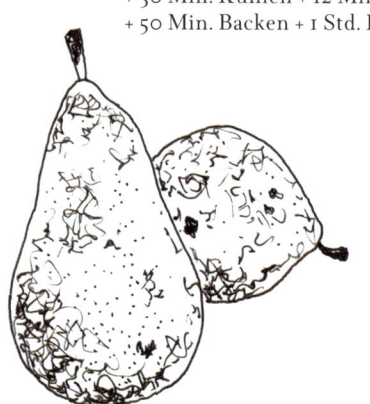

Apfel-Kren-Suppe
mit Ochsenschwanznocken

Für die Nocken:

1 Bund Suppengemüse
500 g Ochsenschwanz (in Scheiben)
2 EL Paradeisermark
8 cl Portwein
1 EL Bio-Sauerrahmbutter
unbehandeltes Salz
schwarzer Pfeffer aus der Mühle

Für die Suppe:

2 säuerliche mürbe Äpfel (z. B. Auralia)
1 Zwiebel
1 EL Bio-Sauerrahmbutter
100 g Bio-Obers
unbehandeltes Salz
schwarzer Pfeffer aus der Mühle
100 g frisch geriebener Kren

Für 4 Personen
Zubereitungszeit: ca. 4 Std.

Für die Nocken: Das Suppengemüse schälen beziehungsweise putzen und waschen. Eine Hälfte davon in sehr feine Würfel schneiden und beiseitestellen. Die zweite Hälfte des Gemüses in etwa haselnussgroße Würfel schneiden. Dann die Ochsenschwanzscheiben in einem Topf ohne Fett anbraten, Paradeisermark und haselnussgroße Gemüsewürfel dazugeben und alles anrösten. Mit so viel Wasser und dem Portwein auffüllen, dass die Ochsenschwanzscheiben gut bedeckt sind. Alles etwa 3 Std. köcheln lassen, bis das Fleisch weich ist.

Den Ochsenschwanz herausnehmen, den Fond beiseitestellen. Das Fleisch vom Knochen lösen und fein würfeln, dabei überflüssiges Fett entfernen. Das Fleisch und die beiseitegestellten feinen Gemüsewürfel in einen Topf geben und beides in der Butter kurz anbraten. 6 EL Ochsenschwanzfond dazugeben und alles etwa 7 Min. einkochen, bis man davon Nocken abstechen kann. Mit etwas Salz und Pfeffer abschmecken.

Für die Suppe: Die Äpfel waschen, grob würfeln und entkernen. Die Zwiebel schälen und ebenfalls würfeln. Beides in der zerlassenen Butter anschwitzen, restlichen Ochsenschwanzfond zugießen und die Äpfel weich kochen. Den Obers zugießen und alles fein pürieren. Mit etwas Salz und Pfeffer abschmecken. Die Bindung übernimmt das Pektin aus dem Apfel. Zum Servieren frisch geriebenen Kren unterrühren, danach nicht mehr aufkochen, weil die Suppe sonst bitter werden kann.

Die Suppe auf Suppenteller verteilen. Mit zwei Esslöffeln Nocken vom eingekochten Ochsenschwanz abstechen und darin anrichten. Nach Belieben noch mit frisch geriebenem Kren und gehackter Blattpetersilie garnieren und ein gutes Brot dazu reichen.

Weißkrautsalat indisch

1 Weißkohl
unbehandeltes Salz
1 Bund Koriandergrün
Saft von 3 Limetten
schwarzer Pfeffer aus der Mühle
1 Granatapfel
100 g Erdnusskerne

Für 4 Personen
Zubereitungszeit: ca. 20 Min.

Den Kohlkopf putzen, halbieren und entstrunken. Die Hälften in feine Streifen schneiden oder hobeln und mit 1 TL Salz gründlich durchkneten, bis der Kohl weich wird und Saft austritt. Das Koriandergrün waschen und trocken schütteln, die Blättchen abzupfen und mit dem Limettensaft zum Kraut geben. Den Salat mit etwas Salz und Pfeffer abschmecken.

Den Granatapfel halbieren und die Kerne herauslösen. Dazu die Hälften mit der Schnittfläche nach innen in die Hand nehmen und mit dem Rücken eines Küchenmessers so auf die Schale des Granatapfels klopfen, dass die Kerne herausfallen. Die Kerne in einer Schüssel auffangen. Die Erdnüsse grob hacken und in einer Pfanne ohne Fett leicht rösten, wieder herausnehmen. Erdnüsse und Granatapfelkerne unter den Weißkrautsalat heben. Den Salat in einer Schüssel anrichten und mit Koriandergrün garnieren.

ALLES VERWERTEN: *Wenn ich bei meinen Bauern Kohlköpfe in größeren Mengen kaufe, verarbeite ich immer gleich einen Teil selbst zu Sauerkraut und lege ihn so ein (S. 140). Dieses Rezept habe ich von meinem Indienaufenthalt mitgebracht. Die Inder lieben Weißkraut und essen es in den verschiedensten Varianten – vergoren, eingelegt, süß-sauer und sehr oft einfach roh und dünn gehobelt mit einem Hauch Limettensaft. Die Salatkultur ist dort nicht so ausgeprägt wie bei uns, und so war ich ganz begeistert, als ich im Norden von Goa in einer kleinen Hütte diesen Salat essen durfte.*

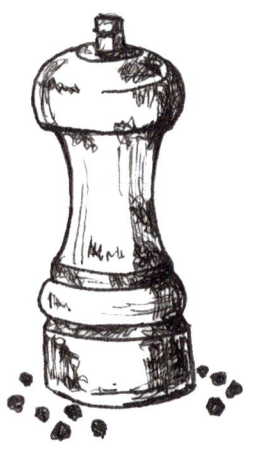

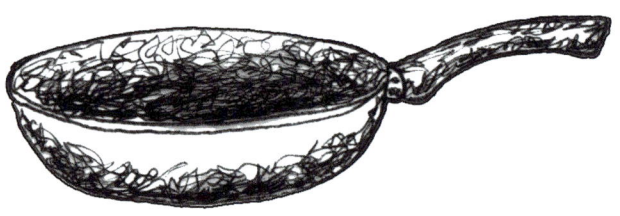

Himmel und Erde, wie ich es koche

Für das Püree:
500 g mehligkochende Erdäpfel
unbehandeltes Salz
2 EL Bio-Sauerrahmbutter
1 EL Bio-Frischkäse oder -Sauerrahm
schwarzer Pfeffer aus der Mühle
frisch geriebene Muskatnuss

Für die Pilze:
1 Handvoll Herbsttrompeten oder
andere Pilze
4 EL gehackte Walnusskerne
1 EL Bio-Sauerrahmbutter
1 EL Semmelbrösel
1 TL Thymianblättchen
1 TL Majoranblättchen
unbehandeltes Salz

Für den Apfel:
1 säuerlicher Apfel (z. B. Holsteiner
Cox oder Topaz)
2 EL Bio-Sauerrahmbutter

Für die Zwiebel:
1 Zwiebel, 2 EL Rapsöl
unbehandeltes Salz

Für 4 Personen
Zubereitungszeit: ca. 1 Std.

Für das Püree: Die Erdäpfel schälen, waschen und in wenig Salzwasser in etwa 30 Min. weich kochen. Abgießen, kurz ausdampfen lassen und mit dem Erdäpfelstampfer mit Butter und Frischkäse oder Sauerrahm zu Püree stampfen. Mit etwas Salz, Pfeffer und Muskat abschmecken.

Für die Pilze: Die Pilze putzen, falls nötig, waschen (S. 112) und fein würfeln. Mit den Nüssen in einer Pfanne in der zerlassenen Butter anbraten. (Vorsicht, die Nüsse dürfen nicht zu dunkel werden, sonst schmecken sie bitter.) Semmelbrösel und Kräuter dazugeben und alles mit etwas Salz würzen.

Für den Apfel: Den Apfel waschen und in acht etwa 5 mm dünne Scheiben schneiden, dabei das Kerngehäuse entfernen. Die Butter in einer beschichteten Pfanne zerlassen und die Apfelscheiben darin von beiden Seiten weich braten.

Für die Zwiebel: Zwiebel schälen und in Scheiben schneiden. Bei mittlerer Hitze in einer Pfanne im heißen Öl anbraten und mit etwas Salz würzen. Je länger Sie die Zwiebelringe anbraten, desto süßer werden sie.

Jeweils etwas Püree auf Tellern anrichten, dann nacheinander Apfelscheiben und Pilz-Nuss-Mischung daraufsetzen. Als Krönung die Zwiebelringe darüberlegen.

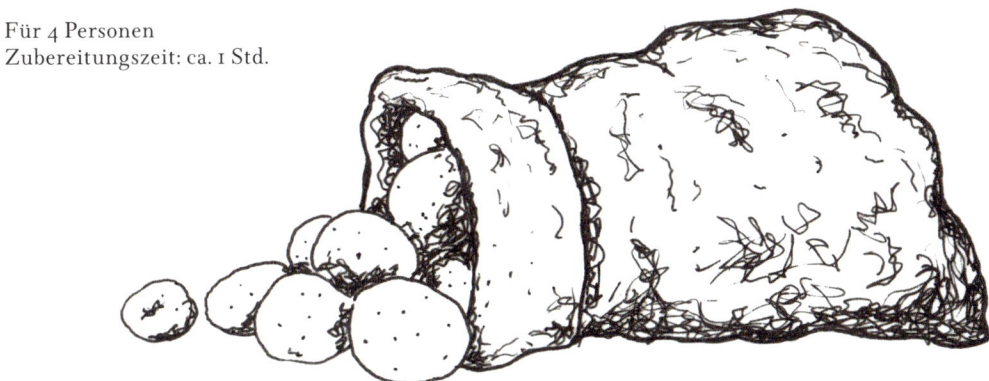

In Holler geschmorte Rinderbeinscheiben mit Salbei-Paradeiser-Gnocchi

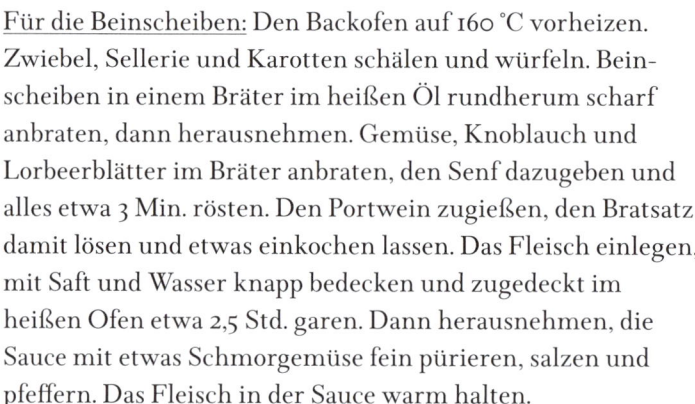

Für die Beinscheiben:
100 g Zwiebel
100 g Knollensellerie
2 Karotten
4 Beinscheiben vom Bio-Rind
(à ca. 350 g)
4 EL Rapsöl
1 Knolle Knoblauch, Zehen geschält
2 Lorbeerblätter
1 EL feiner Senf
50 ml Portwein
100 ml ungesüßter Holunderbeersaft
(ersatzweise Rotwein oder Wasser)
unbehandeltes Salz
schwarzer Pfeffer aus der Mühle

Für die Gnocchi:
1/2 Rezept Erdäpfelteig (S. 84)
Mehl zum Arbeiten

Für die Sauce:
1 Bund Salbei
60 g getrocknete Paradeiser
80 g Bio-Sauerrahmbutter
schwarzer Pfeffer aus der Mühle

Für 4 Personen
Zubereitungszeit: ca. 3 Std.

Für die Beinscheiben: Den Backofen auf 160 °C vorheizen. Zwiebel, Sellerie und Karotten schälen und würfeln. Beinscheiben in einem Bräter im heißen Öl rundherum scharf anbraten, dann herausnehmen. Gemüse, Knoblauch und Lorbeerblätter im Bräter anbraten, den Senf dazugeben und alles etwa 3 Min. rösten. Den Portwein zugießen, den Bratsatz damit lösen und etwas einkochen lassen. Das Fleisch einlegen, mit Saft und Wasser knapp bedecken und zugedeckt im heißen Ofen etwa 2,5 Std. garen. Dann herausnehmen, die Sauce mit etwas Schmorgemüse fein pürieren, salzen und pfeffern. Das Fleisch in der Sauce warm halten.

Für die Gnocchi: Den Erdäpfelteig wie auf Seite 84 beschrieben herstellen, in einen Spritzbeutel ohne Tülle füllen und damit auf die bemehlte Arbeitsfläche einen langen Strang spritzen. Etwas Mehl darüberstreuen, 2–3 cm lange Teigstücke abschneiden und mit der Gabel kleine Rillen hineindrücken. Reichlich Salzwasser aufkochen und die Gnocchi darin portionsweise in etwa 5 Min. garziehen lassen. Wenn sie nach oben steigen, sind sie gar.

Für die Sauce: Inzwischen den Salbei waschen, trocken schütteln, die Blättchen abzupfen und mit den Paradeisern in feine Streifen schneiden. Salbei und Paradeiser in einer Pfanne in der zerlassenen Butter erhitzen. Die Gnocchi mit einer Schaumkelle aus dem Topf direkt in die Pfanne geben und kurz darin schwenken. Zuletzt mit Pfeffer würzen und mit den Beinscheiben servieren.

MEIN TIPP: *Für Gnocchi verwende ich immer mehligkochende Erdäpfel. Hier eine kleine Einkaufshilfe dazu: Je rauer die Schale ist, desto mehligkochender sind die Erdäpfel.*

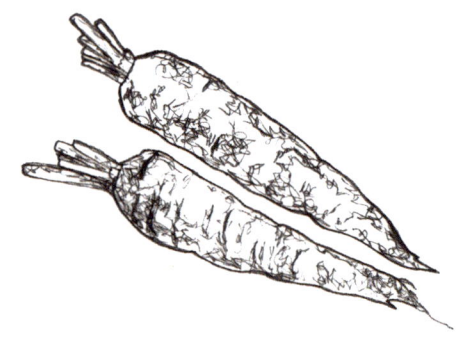

Gefüllte Ente mit Burgunderkraut

Für die Ente:

1 junge Bio-Ente (küchenfertig)
unbehandeltes Salz
schwarzer Pfeffer aus der Mühle
1 säuerlicher Apfel (z. B. Boskoop)
1 Zwiebel

Für das Schmorgemüse:

1/8 Knollensellerie, 1 Karotte
1 Zwiebel
5 cm Lauchstange
400 g kleine Erdäpfel (z. B. Bamberger Hörnchen oder Drillinge)
250 ml Rotwein, etwas Portwein
500 ml klare Hühnersuppe oder Wasser
2 Lorbeerblätter, 2 Thymianzweige
unbehandeltes Salz
schwarzer Pfeffer aus der Mühle

Für das Burgunderkraut:

1 Rotkohl, 200 ml Orangensaft
50 ml Rotweinessig
unbehandeltes Salz
schwarzer Pfeffer aus der Mühle
2 Zimtstangen, 4 Gewürznelken
5 Pimentkörner
100 ml Rotwein (Burgunder)
1 Apfel (z. B. Boskoop oder Elstar)
2 EL Entenfett vom Braten
1 Glas Ribisel-Fruchtaufstrich
(ca. 150 g)

Für 4 Personen
Zubereitungszeit: ca. 30 Min.
+ 2,5 Std. Braten + 30 Min. Ziehen

Für die Ente: Die Ente innen und außen gut waschen und trocken tupfen. Innen mit etwas Salz und Pfeffer würzen. Apfel waschen, Zwiebel schälen und beides vierteln. Die Ente mit Apfel und Zwiebel füllen und auf ein Ofengitter setzen.

Für das Schmorgemüse: Den Backofen auf 180 °C vorheizen. Sellerie, Karotte und Zwiebel schälen, den Lauch waschen. Alles in grobe Stücke schneiden und in einen Bräter geben. Erdäpfel waschen und ebenfalls in den Bräter setzen. Übrige Zutaten dazugeben und den Bräter unten in den Ofen schieben. Die Ente auf dem Gitter darüber einschieben und im heißen Ofen 2–2,5 Std. braten, dabei alle 20 Min. mit Salzwasser bestreichen. Etwa 20 Min. vor Garzeitende die Ente mit kaltem Wasser besprenkeln, so wird sie schön knusprig.

Bräter aus dem Ofen nehmen, Fett mit einer Kelle abschöpfen und beiseitestellen, die Ente warm halten. Kräuter und Erdäpfel herausnehmen, Gemüse im Küchenmixer zu einer Sauce fein pürieren und mit etwas Salz und Pfeffer würzen.

Für das Burgunderkraut: Während die Ente brät, Rotkohl putzen, halbieren, entstrunken und fein hobeln. Mit Saft, Essig, etwas Salz und Pfeffer verkneten und etwa 30 Min. ziehen lassen. Inzwischen Zimt, Nelken und Piment im Wein etwa 15 Min. köcheln lassen, dann durch ein Sieb zum Rotkohl gießen. Apfel schälen, vierteln, entkernen und würfeln. 2 EL Entenfett in einem Topf erhitzen, Apfel und Rotkohl samt Flüssigkeit dazugeben und alles zugedeckt etwa 45 Min. köcheln lassen. Eventuell etwas Wasser dazugeben, damit nichts anbrennt. Mit etwas Salz, Pfeffer und Ribiselaufstrich abschmecken, nach Belieben mit verrührter Stärke abbinden.

Erdäpfel, Burgunderkraut und Sauce in Schüsseln anrichten. Die Ente auf ein Brett legen und vor Ihren Gästen zerteilen.

Schokoladentopfenknödel mit Vanillesauce und Bratapfeleis

Für das Bratapfeleis:
3 säuerliche Äpfel (z. B. Boskoop,
Elstar oder Holsteiner Cox)
2 EL Bio-Butter
50 ml Apfel-Direktsaft
abgeriebene Schale von
1/2 unbehandelten Zitrone
6 Pimentkörner, 1 TL Zimt
100 g Bio-Joghurt (3,5 % Fett)
Rohrzucker nach Geschmack

Für die Vanillesauce:
1 Vanillestange, 500 g Bio-Obers
unbehandeltes Salz
Rohrzucker, 6 Bio-Eidotter

Für die Topfenknödel:
1/2 Vanillestange
250 g Bio-Topfen (20 % Fett)
75 g zerlassene Bio-Butter
35 g Rohrzucker
etwas abgeriebene Schale einer
unbehandelten Zitrone
90 g Semmelbrösel
1 Bio-Ei, 1 Bio-Eidotter
40 g Zartbitterschokolade
(80 % Kakao)
2 Zimtstangen
3 Prisen unbehandeltes Salz

Für 4 Personen
Zubereitungszeit: ca. 1 Std.
+ 15 Min. Quellen + 4 Std. Tiefkühlen

Für das Bratapfeleis: Äpfel waschen, entkernen und würfeln. In der Butter anbraten, Saft, Zitronenschale, Piment und Zimt dazugeben und alles so lange köcheln lassen, bis die Äpfel zerfallen. Piment entfernen, die Masse in ein flaches gefriertaugliches Gefäß füllen und gut verschlossen etwa 4 Std. einfrieren. Zum Servieren das Eis in Stücke brechen und mit Joghurt und etwas Zucker im Küchenmixer zu Eis pürieren.

Für die Vanillesauce: Vanillestange längs aufschlitzen und das Mark mit einem scharfen Messer herauskratzen, die Stange beiseitestellen. Vanillemark, Obers, 1 Prise Salz und etwas Zucker aufkochen und etwa 5 Min. ziehen lassen. Eidotter verrühren, erst nur wenig heißen Obers dazugeben. Dann restlichen Obers nochmals aufkochen, bis er »hoch steigt«. Die Eidottermasse zugießen, einmal gründlich umrühren und alles zügig durch ein Sieb in einen kalten Topf geben.

Für die Topfenknödel: Vanillestange längs aufschlitzen und das Mark herauskratzen, die Stange beiseitestellen. Topfen, Vanillemark, 35 g Butter, Zucker, Zitronenschale und 60 g Semmelbrösel mit Ei und Eidotter glatt verrühren und den Teig etwa 15 Min. quellen lassen. Inzwischen die Schokolade in vier Stücke schneiden. Aus dem Teig mit angefeuchteten Händen vier Knödel formen, je ein Stück Schokolade in die Mitte drücken und den Teig gut verschließen.

Ausreichend Wasser in einem großen Topf mit Zimt, ausgekratzten Vanillestangen und Salz aufkochen. Die Knödel darin etwa 10 Min. garziehen lassen. Inzwischen übrige Semmelbrösel in der restlichen Butter anrösten, die fertigen Knödel darin wenden. Mit einem Esslöffel Eisnocken abstechen und mit Knödeln und Vanillesauce anrichten.

Hanklich – süße Germteigfladen

Für die Fladen:

1 Vanillestange
250 ml Bio-Vollmilch
25 g frischer Germ
150 g Rohrzucker
500 g Mehl
2 Bio-Eier
2 Bio-Eidotter
125 g Bio-Butter
unbehandeltes Salz
Mehl für die Arbeitsfläche

Für den Belag:

1 Bio-Eidotter
100 g Bio-Topfen (20 % Fett)
100 g Bio-Obers
Zimt und Rohrzucker zum Bestreuen

Für 4 Personen
Zubereitungszeit: ca. 1 Std.
+ 3,5 Std. Gehen + 10 Min. Backen pro Blech

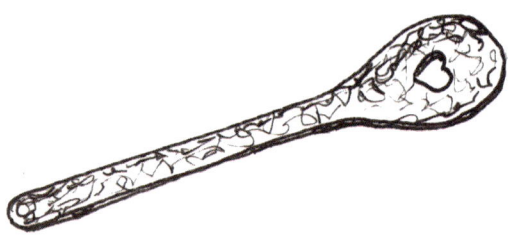

Für die Fladen: Die Vanillestange längs aufschlitzen und das Mark mit einem scharfen Messer herauskratzen, die Stange entfernen. Die Milch lauwarm erhitzen. Den Germ hineinbröseln, den Zucker dazugeben und beides in der Milch auflösen. Das Mehl in eine große Schüssel geben und eine Mulde in die Mitte drücken. Die Germmilch in die Mulde gießen und Eier und Eidotter dazugeben. Die Butter zerlassen und mit 1 Prise Salz und dem Vanillemark ebenfalls hinzufügen.

Den Teig sehr gut durchkneten, bis sich eine Kugel gebildet hat, die nicht mehr an den Fingern klebt. Ist der Teig zu feucht, noch etwas Mehl dazugeben. Die Schüssel mit einem feuchten Küchentuch zudecken und den Teig an einem warmen Ort 2–3 Std. gehen lassen. Dann den Teig nochmals gut durchkneten und daraus acht etwa tennisballgroße Kugeln formen. Zugedeckt nochmals etwa 30 Min. gehen lassen.

Für den Belag: Den Backofen auf 180 °C vorheizen. Mehrere Backbleche mit Backpapier auslegen. Den Eidotter mit Topfen und Obers verrühren. Die Teigkugeln auf der bemehlten Arbeitsfläche mit dem Nudelholz zu Kreisen (ca. 28 cm Ø) ausrollen und auf die Bleche setzen. Den flüssigen Belag mit einem Esslöffel auf den Fladen verteilen und die Hanklich nacheinander im heißen Ofen etwa 10 Min. backen, bis sie schön knusprig braun sind.

Die Fladen aus dem Ofen nehmen und noch warm mit Zimt und Zucker bestreuen. Die Hanklich sofort servieren, sie schmecken warm am besten.

ALLES VERWERTEN: *Die ausgekratzte Vanillestange lässt sich noch zu selbst gemachtem Vanillezucker (Tipp S. 23) verarbeiten. Das Rezept stammt von Tante Hudea aus Moşna.*

Schokoladentorte
für feine Herren und taffe Damen

Für die Schokomasse:
260 g beste Schokolade (70 % Kakao)
200 g Rohrzucker
200 g weiche Bio-Butter
7 Bio-Eidotter
6 cl Whiskey oder brauner Rum
Bio-Butter für die Form

Für den Kuchen:
*160–180 g Kuchenreste oder Löffel-
biskuits*
abgeriebene Schale von
1 unbehandelten Zitrone
7 Bio-Eiklar
2 Prisen unbehandeltes Salz

Für die Glasur:
*1 Glas Schwarze-Ribisel-Frucht-
aufstrich (ca. 150 g)*
250 g Schokolade (70 % Kakao)
50 g Bio-Obers

Für 1 Springform (28 cm Ø)
Zubereitungszeit: ca. 30 Min.
+ 50 Min. Backen + 1 Std. Trocknen

Für die Schokomasse: Den Backofen auf 180 °C vorheizen. Die Springform gründlich mit Butter einstreichen. Die Schokolade über dem heißen Wasserbad schmelzen. Den Zucker und die weiche Butter cremig aufschlagen. Eidotter nach und nach dazugeben und weiter aufschlagen. Den Alkohol und die flüssige Schokolade hinzufügen und vorsichtig unterheben.

Für den Kuchen: Die Kuchenreste oder Löffelbiskuits möglichst fein zerbröseln und mit der Zitronenschale mischen. Das Eiklar mit dem Salz steif schlagen. Den Eischnee und die Kuchenbrösel mit einem Teigschaber unter die Schokoladen-Eier-Masse heben. Je vorsichtiger Sie dabei vorgehen, desto luftiger wird Ihr Kuchen. Den Teig in die Form füllen und den Kuchen im heißen Ofen 40–50 Min. backen. Aus dem Ofen nehmen und abkühlen lassen.

Für die Glasur: Den Kuchen aus der Springform lösen und auf ein Kuchengitter setzen. Den Fruchtaufstrich mit einem Messer auf dem Kuchen verstreichen. Schokolade und Obers über dem heißen Wasserbad schmelzen und ebenfalls über den Kuchen verteilen, dann trocknen lassen. Wenn Sie nicht warten können, dürfen Sie nach etwa 1 Std. probieren. Noch besser schmeckt der Kuchen allerdings am nächsten Tag. Reichen Sie dazu etwas geschlagenen Vanilleobers oder ein gutes Vanilleeis.

Winter

Wintersalat mit Birnen und Erdäpfelspänen

Für den Salat:
1 Radicchio
1 Chicorée
200 g Rucola
Saft und abgeriebene Schale von
2 unbehandelten Zitronen
unbehandeltes Salz
2 EL Walnuss- oder Rapsöl
1 Bund Schnittlauch

Für die Birnen:
2 Birnen (z. B. Conference)
1 TL Bio-Sauerrahmbutter
50 g Walnusskerne

Für die Erdäpfelspäne:
2 vorwiegend festkochende Erdäpfel
roter Pfeffer aus der Mühle
unbehandeltes Salz
Rapsöl zum Ausbacken

Für 4 Personen
Zubereitungszeit: ca. 30 Min.

Für den Salat: Die Salate putzen, waschen und trocken schleudern. Radicchio und Chicorée in grobe Stücke schneiden und mit dem Rucola mischen. Für die Vinaigrette Zitronensaft und -schale in eine Schüssel geben, etwas salzen und das Öl langsam unter Rühren mit einem Schneebesen hineinlaufen lassen. Den Schnittlauch waschen, trocken schütteln und in Röllchen schneiden. Die Vinaigrette mit Schnittlauch verrühren und nochmals abschmecken.

Für die Birnen: Die Birnen waschen, halbieren, entkernen und in schmale Spalten schneiden. Die Butter in einer Pfanne zerlassen und die Birnenspalten darin von beiden Seiten in etwa 4 Min. goldbraun braten, bis sie weich sind. Die Walnüsse grob hacken und in der Pfanne mit anrösten. Beides auf Küchenpapier abtropfen lassen.

Für die Erdäpfelspäne: Die Erdäpfel schälen, waschen, auf einer Reibe grob raspeln und in einer Schüssel mit kaltem Wasser waschen. Die Erdäpfelraspel vorsichtig in ein Sieb abgießen und mit Küchenpapier trocken tupfen. In einer Pfanne im heißen Öl nach und nach knusprig goldgelb ausbacken. Die Erdäpfelspäne auf Küchenpapier abtropfen lassen und sofort mit rotem Pfeffer und etwas Salz würzen.

Die Salate mit der Vinaigrette mischen und auf Teller verteilen. Walnüsse, Birnenspalten sowie knusprige Erdäpfelspäne auf dem Salat verteilen.

Gefüllte Wirsingrouladen auf roten Linsen

Für die Rouladen:

4 schöne Wirsingblätter
1 Karotte
1 Frühlingszwiebel
1 EL Bio-Sauerrahmbutter
200 g gekochte Erdäpfel
1 EL Mascarpone
2 EL Semmelbrösel
1 Bio-Eidotter
unbehandeltes Salz
schwarzer Pfeffer aus der Mühle
frisch geriebene Muskatnuss

Für die Linsen:

200 g rote Linsen
1 rote Paprikaschote
1 Schalotte
1 Paradeiser
2 EL Rapsöl

Für 4 Personen
Zubereitungszeit: ca. 1 Std.
+ 30 Min. Backen

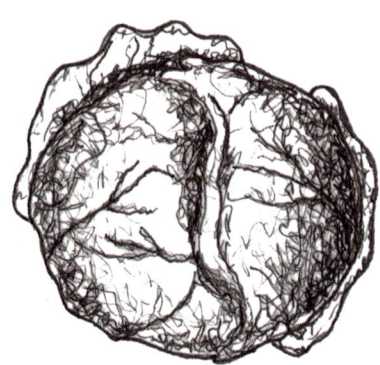

Für die Rouladen: Die Wirsingblätter waschen und in reichlich Wasser etwa 5 Min. kochen. Mit der Schaumkelle herausheben und in Eiswasser abschrecken. So gart der Kohl nicht weiter und die grüne Farbe bleibt erhalten. Die Blätter auf Küchenpapier abtropfen lassen.

Für die Füllung die Karotte schälen und fein würfeln. Frühlingszwiebel putzen, waschen und in Ringe schneiden. Das Gemüse in der zerlassenen Butter weich braten. Die Erdäpfel pellen und durch die Erdäpfelpresse zum Gemüse drücken. Vom Herd nehmen und Mascarpone, Semmelbrösel und Eidotter unterrühren. Die Füllung mit etwas Salz, Pfeffer und Muskat abschmecken.

Je 1 Wirsingblatt mit dem Strunk nach unten auf die Arbeitsfläche legen. Auf das untere Drittel 2–3 EL Füllung setzen, die Seiten des Wirsingblattes einschlagen und das Blatt zu einer Roulade aufrollen.

Für die Linsen: Die Linsen in einem Topf in reichlich ungesalzenem Wasser in etwa 20 Min. bissfest kochen. Dann in ein Sieb abgießen, kalt waschen und abtropfen lassen.

Den Backofen auf 160 °C vorheizen. Die Paprika putzen und waschen, die Schalotte schälen und beides fein würfeln. Den Paradeiser waschen und in feine Würfel schneiden, dabei den Stielansatz entfernen. Das Gemüse im heißen Öl weich braten, dann die Linsen untermischen. Das Linsengemüse in eine Auflaufform geben, Rouladen mit der Naht nach unten daraufsetzen und etwa 150 ml Wasser zugießen. Alles im heißen Ofen etwa 30 Min. backen.

Die Linsen mit den Wirsingrouladen aus dem Ofen nehmen und auf vorgewärmten Teller anrichten.

Karpfensteaks mit Butterwurzelgemüse und Kren

Für die Karpfensteaks:

4 Karpfensteaks (je 3–4 cm dick)
unbehandeltes Salz
3 Karotten
1/2 Knollensellerie
1 Stange Lauch (nur das Weiße und Hellgrüne, das Grüne für klare Gemüse-suppe oder Schmorgemüse verwenden)
3 Zwiebeln
2 Petersilienwurzeln
100 g Bio-Sauerrahmbutter
200 ml Weißwein (z. B. Grauburgunder; ersatzweise Apfel-Direktsaft oder Wasser)
2 Lorbeerblätter
schwarzer Pfeffer aus der Mühle
1 Bund Blattpetersilie

Für den Kren:

3 cm frischer Kren
50 g Bio-Obers
2 Prisen unbehandeltes Salz
Saft von 1/2 unbehandelten Zitrone

Für 4 Personen
Zubereitungszeit: ca. 1,5 Std.

Für die Karpfensteaks: Die Karpfensteaks waschen, trocken tupfen und etwas salzen. Das Gemüse schälen beziehungs-weise putzen, waschen und in feine Scheiben schneiden. In einem Bräter 1,5 EL Butter zerlassen und das Gemüse darin andünsten. Mit Wein und 200 ml Wasser ablöschen. Die Karpfensteaks und die Lorbeerblätter in das Gemüse »ein-graben«, sodass die Steaks vom Gemüse bedeckt sind. Gut mit etwas Salz und Pfeffer würzen und die restliche Butter in Flocken daraufsetzen. Alles zugedeckt 30–40 Min. köcheln lassen. Inzwischen die Petersilie waschen, trocken schütteln und zum Servieren grob gehackt über das Gemüse geben.

Für den Kren: Den Kren schälen und fein reiben. Den Obers steif schlagen und mit Kren, Salz und Zitronensaft mischen. In eine Schale füllen und auf den Tisch stellen.

Den Karpfen im Bräter servieren, sodass sich jeder selbst nehmen kann, so viel er mag. Am besten reichen Sie dazu noch frisches Brot, so lässt sich die herrliche Suppe am besten auftunken und genießen.

ALLES VERWERTEN: *Wenn ich im Herbst Karotten und Sellerie ernte, lagere ich das Gemüse im kalten Keller in Sand ein und habe dadurch auch im Winter immer frisches Wurzelgemüse. Das Rezept stammt von Dietlind Loll, die den Karpfen am liebsten an Weihnachten für ihre Familie zubereitet.*

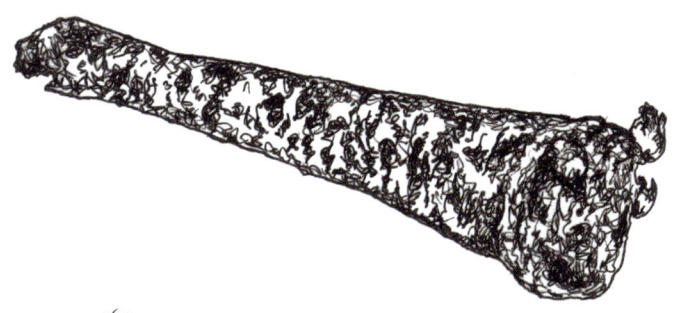

Alles verwerten

Vom übrig gebliebenen Milchreis forme ich kleine Laiberl und wende sie in Mandelsplittern oder Kokosflocken. In etwas Butter ausgebraten und mit Beerenkompott serviert, ergibt das ein tolles neues Dessert.

Milchreis mit Rumfrüchten

Für den Milchreis:

4 Tassen Bio-Vollmilch
etwas milder Honig nach Belieben
(z. B. Akazienhonig)
1 Tasse Bio-Obers
2 Prisen unbehandeltes Salz
3 Zimtstangen
abgeriebene Schale von 1 unbehandelten Zitrone
1 Tasse Risotto-Reis (z. B. Arborio oder Vialone)

Außerdem:

4 Pfefferminzstiele
200 g Bio-Obers
200 g Rumfrüchte (S. 198)

Für 4 Personen
Zubereitungszeit: ca. 30 Min.
+ 1 Std. 15 Min. Ziehen

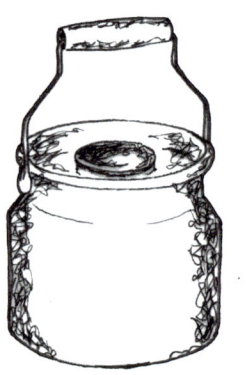

Für den Milchreis: Milch nach Belieben mit Honig in einen Topf geben. Den Obers zugießen und alles aufkochen. Dann Salz, Zimtstangen und Zitronenschale dazugeben und alles auf der ausgeschalteten Herdplatte etwa 30 Min. ziehen lassen. Anschließend die Milch wieder aufkochen, den Reis dazugeben und bei kleiner Hitze etwa 10 Min. köcheln lassen. Dabei ständig rühren, damit der Reis nicht anbrennt. Den Topf mit dem Deckel verschließen, ein Frottiertuch außen herum wickeln und den Topf unter die Bettdecke stellen. Den Reis im Bett etwa 45 Min. ausquellen lassen, das spart Energie. Den fertigen Reis in eine Schüssel füllen und kühl stellen.

Inzwischen die Minze waschen, trocken schütteln und die Blättchen abzupfen. Den Obers schlagen und unter den abgekühlten Reis heben, Zimtstangen entfernen. Kleine Gläser bis zur Hälfte mit Milchreis füllen, einige Rumfrüchte darübergeben und mit Reis auffüllen. Mit Minze garniert servieren.

MEIN TIPP: *Damit mir Milch nicht anbrennt, benutze ich einen einfachen Trick: Ich gieße die Milch in einen Topf und gebe den Honig dazu. Dann schalte ich den Herd an, koche die Milch auf, rühre aber nicht um. Der Honig bildet eine Art Schutzschicht zwischen Topfboden und Milch und verhindert so das Anbrennen. Sobald ich einmal umgerührt habe, wäre der Effekt dahin. Mit Zucker funktioniert der Trick übrigens genauso.*

Holunderbeersuppe
mit Grießnockerl und Apfelspalten

Für die Suppe:
500 ml gesüßter Holunderbeersaft
500 ml Apfel-Direktsaft
1 Zimtstange
2 Gewürznelken
6 Pimentkörner

Für die Apfelspalten:
1 Apfel (z. B. Rubinette oder Cox Orange)
1 EL Bio-Butter

Für die Grießnockerl:
250 ml Bio-Vollmilch
1 EL Bio-Butter
abgeriebene Schale von
1 unbehandelten Zitrone
30 g Rohrzucker
unbehandeltes Salz
100 g Hartweizengrieß
1 Bio-Ei
Rohrzucker für das Kochwasser

Für 4 Personen
Zubereitungszeit: ca. 1 Std.
+ 30 Min. Ziehen

Für die Suppe: Die Säfte mit den Gewürzen erhitzen und auf der ausgeschalteten Herdplatte etwa 30 Min. ziehen lassen. Dann die Suppe durch ein Sieb in einen zweiten Topf gießen.

Für die Apfelspalten: Den Apfel waschen, halbieren, entkernen und in dünne Spalten schneiden. Die Butter in einer Pfanne zerlassen und die Apfelspalten darin weich braten, dann auf Küchenpapier abtropfen lassen.

Für die Grießnockerl: Die Milch mit Butter, Zitronenschale, Zucker und 1 Prise Salz aufkochen. Den Grieß einrieseln lassen und gut verrühren, damit sich keine Klümpchen bilden. Grießbrei unter Rühren etwa 6 Min. kochen, bis er sich vom Topf löst. In eine Metallschüssel füllen, etwas abkühlen lassen.

Das Ei trennen, Eidotter gründlich unter den Grießbrei rühren. Eiklar steif schlagen und ebenfalls vorsichtig unterheben. Ausreichend leicht gezuckertes Wasser aufkochen, mit zwei Esslöffeln kleine Nockerl abstechen und im siedenden Wasser etwa 2 Min. garziehen lassen.

Inzwischen die Holunderbeersuppe auf kleine Schalen verteilen und die Äpfel hineinsetzen. Die Grießnockerl mit einer Schaumkelle herausheben und dazugeben.

ALLES VERWERTEN: *Meine Grießnockerl stelle ich hier aus Grießbrei her. Reste vom kalten Grießbrei schneide ich gern am nächsten Tag in Scheiben und brate ihn in etwas zerlassener Butter von beiden Seiten braun an. Mit ein paar Beeren und selbst gemachter Vanillesauce (S. 157) schmecken die gebackenen Grießscheiben himmlisch.*

Vanillekipferl & Schneeflocken

Für die Vanillekipferl:
280 g Mehl
100 g gemahlene Haselnüsse
70 g Rohrzucker
200 g kalte Bio-Butter
Staub- und Vanillezucker (Tipp S. 23)
zum Bestäuben

Für 1–2 Bleche
Zubereitungszeit: ca. 30 Min.
+ 1 Std. Kühlen + 10 Min. Backen pro Blech

Für die Schneeflocken:
2 Vanillestangen
250 g weiche Bio-Butter
100 g Staubzucker
60 g Mehl
250 g Erdäpfelstärke

Für 1–2 Bleche
Zubereitungszeit: ca. 30 Min.
+ 1 Std. Kühlen + 10 Min. Backen pro Blech

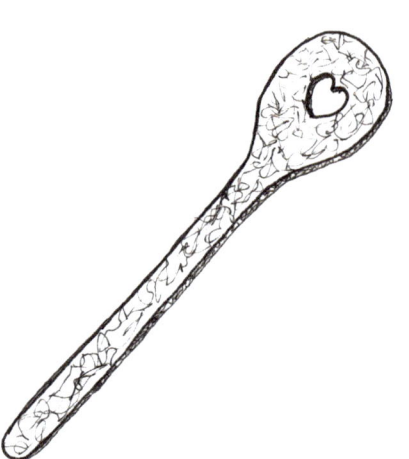

Für die Vanillekipferl: Das Mehl mit Haselnüssen und Zucker mischen und auf die Arbeitsfläche häufen. Die Butter in Flöckchen daraufsetzen und alles mit den Händen zügig zu einem festen Teig kneten. Zu einer Kugel formen, in ein feuchtes Küchentuch wickeln und für etwa 1 Std. kühl stellen. Alternativ den Teig am Vorabend zubereiten.

Den Backofen auf 170 °C vorheizen. Zwei Backbleche mit Backpapier auslegen. Den Teig erst in Portionen, dann in je 2–3 cm lange Stücke teilen und mit den Fingern kleine Hörnchen formen. Die Kipferl auf die Bleche setzen und nacheinander im heißen Ofen etwa 10 Min. backen, bis sie etwas Farbe haben. Aus dem Ofen nehmen, noch warm mit einer Mischung aus Staub- und Vanillezucker bestäuben und abkühlen lassen.

Für die Schneeflocken: Die Vanillestangen längs aufschlitzen und das Mark mit einem scharfen Messer herauskratzen, die Stangen entfernen. Die weiche Butter cremig rühren und Zucker, Mehl und Erdäpfelstärke darübersieben. Das Vanillemark dazugeben und alles zügig verkneten. Den Teig zu einer Kugel formen, in ein feuchtes Küchentuch wickeln und für etwa 1 Std. kühl stellen.

Den Backofen auf 200 °C vorheizen. Zwei Backbleche mit Backpapier auslegen. Aus dem Teig kirschgroße Kugeln formen und mit einer Gabel etwas eindrücken. Schneeflocken auf die Bleche setzen und nacheinander im heißen Ofen etwa 10 Min. backen. Herausnehmen und abkühlen lassen.

ALLES VERWERTEN: *Aus den ausgekratzten Vanillestangen können Sie noch ganz einfach Vanillezucker selbst machen (S. 23). Bei den Vanillekipferl handelt es sich um ein altes böhmisches Rezept von Hildegard Reger-Reshöft, bei den Schneeflocken um ein altes Holsteiner Rezept von Heidrun Reshöft.*

Stollenkonfekt

Für den Teig:

1 Vanillestange
50 g frischer Germ
100 ml lauwarme Bio-Vollmilch
125 g Rohrzucker
500 g Mehl
2 Bio-Eidotter

Für die Füllung:

250 g Bio-Topfen (20 % Fett)
300 g zerlassene Bio-Butter
1/2 TL unbehandeltes Salz
2 Bio-Eidotter
50 g fein gehacktes Zitronat
125 g gemahlene geschälte Mandeln
150 g Rosinen (ungeschwefelt)
100 ml Apfel-Direktsaft
etwas Staubzucker zum Bestäuben

Für ca. 60 Stück
Zubereitungszeit: ca. 45 Min.
+ 1 Std. Gehen + 15 Min. Backen pro Blech

Für den Teig: Die Vanillestange längs aufschlitzen und das Mark mit einem scharfen Messer herauskratzen, die Stange entfernen. Den Germ zerbröseln und in der lauwarmen Milch mit Zucker und Vanillemark auflösen. Das Mehl in eine große Schüssel geben und eine Mulde hineindrücken. Germmischung hineingießen, mit etwas Mehl vom Rand verrühren und zugedeckt an einem warmen Ort etwa 30 Min. gehen lassen, bis der Vorteig leicht schäumt. Die Eidotter unterrühren und alles kräftig durchkneten, bis ein gleichmäßiger Teig entstanden ist.

Für die Füllung: Den Topfen in einem Sieb abtropfen lassen. 150 g zerlassene Butter mit Topfen, etwas Salz und Eidottern verrühren. Zitronat, Mandeln, Rosinen und Apfelsaft mischen und zur Topfenmasse geben. Alles gut verrühren und zum Germteig geben. Den Teig mit den Händen kneten (falls nötig, in zwei Portionen), bis er Blasen wirft und nicht mehr klebt (falls er zu nass ist, noch etwas Mehl unterkneten). Dann zugedeckt an einem warmen Ort etwa 30 Min. gehen lassen.

Den Backofen auf 200 °C vorheizen. Mehrere Backbleche mit Backpapier auslegen. Den Teig zu etwa walnussgroßen Kugeln oder Mini-Stollen formen und auf die Bleche setzen. Im heißen Ofen (Mitte) in etwa 15 Min. goldbraun backen.

Die Mini-Stollen aus dem Ofen nehmen, etwas abkühlen lassen und mit der übrigen zerlassenen Butter einstreichen. Dünn mit Staubzucker bestäuben, dann vollständig abkühlen lassen und am besten in Keksdosen aufbewahren.

ALLES VERWERTEN: *Aus der ausgekratzten Vanillestange können Sie noch Vanillezucker (Tipp S. 23) selbst herstellen. Das Stollenkonfekt ist im Gegensatz zu einem klassischen Stollen weicher und saftiger und lässt sich auch lange aufbewahren.*

Alles verwerten

Aus übrigen Rote-Bete-Würfeln stelle ich mit viel Blattpetersilie, gehack-
ten Walnüssen und reifen Feigen einen schönen Salat her und mariniere
ihn mit Zitronensaft und Leindotteröl. Nach Belieben brösele ich gern
auch etwas Bio-Schafs- oder Ziegenkäse zum Servieren über den Salat.

Rote Suppe mit Steinpilztascherl

Für die Tascherl:
20 g getrocknete Steinpilze
1 Schalotte
1 EL Bio-Sauerrahmbutter
2 EL Portwein
1/2 TL Thymianblättchen
unbehandeltes Salz
schwarzer Pfeffer aus der Mühle
1 Rezept Nudelteig (S. 182)
Mehl für die Arbeitsfläche

Für die rote Suppe:
3 Rote Beten
1 cm Ingwer
1 Schalotte
4 EL Rotweinessig
1 TL schwarze Pfefferkörner
2 Lorbeerblätter
800 ml klare Gemüsesuppe (Tipp S. 60)
unbehandeltes Salz

Für 4 Personen
Zubereitungszeit: ca. 2 Std.
+ 1 Std. Ziehen

Für die Tascherl: Pilze mit kochendem Wasser überbrühen
und etwa 1 Std. ziehen lassen. Herausnehmen, gut ausdrücken
und fein würfeln. Einweichwasser durch Küchenpapier gießen und auffangen. Schalotte schälen, fein würfeln und mit
den Pilzen in der Butter anschwitzen. Pilzwasser und Portwein zugießen und alles vollständig einkochen lassen. Mit
Thymian, etwas Salz und Pfeffer abschmecken.

Teig wie auf Seite 182 beschrieben herstellen, auf wenig Mehl
dünn ausrollen und Kreise (ca. 4 cm Ø; z.B. mit einem Trinkglas) ausstechen. Die Hälfte der Kreise mittig mit etwas Pilzfüllung belegen, die Teigränder mit Wasser bestreichen und
einen zweiten Nudelkreis auflegen. Die Ränder gut aneinan-
derdrücken, damit die Tascherl beim Kochen nicht platzen.
Die Tascherl in reichlich kochendem Salzwasser etwa 4 Min.
garziehen lassen, dann herausnehmen und abtropfen lassen.

Für die rote Suppe: Rote Beten, Ingwer und Schalotte schälen.
Rote Beten würfeln, Ingwer und Schalotte fein schneiden, mit
übrigen Zutaten aufkochen. Die Suppe bei schwacher Hitze
etwa 1 Std. köcheln lassen, sie soll nicht kochen, sonst verfärbt
sie sich bräunlich. Durch ein Sieb gießen und salzen. Die Tascherl in Suppenteller geben und mit Suppe auffüllen. Nach
Belieben mit Rote-Bete-Würfeln und Koriander garnieren.

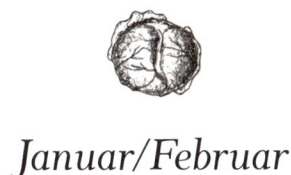

Rübenmalheur

200 g mehligkochende Erdäpfel
200 g Steckrüben
200 g Karotten
reichlich klare Gemüsesuppe
(Tipp S. 60) oder Wasser
etwas Bio-Sauerrahmbutter
unbehandeltes Salz
frisch geriebene Muskatnuss
schwarzer Pfeffer aus der Mühle

Für 4 Personen
Zubereitungszeit: ca. 40 Min.

Die Erdäpfel, die Steckrüben und die Karotten schälen, gut waschen und in etwa haselnussgroße Würfel schneiden. Die Gemüsewürfel in einen großen Topf geben und mit der Suppe gut bedecken. Das Gemüse aufkochen und zugedeckt in etwa 20 Min. weich garen.

Dann abgießen und mit dem Erdäpfelstampfer stückig verarbeiten. Zuletzt die Butter dazugeben und gut unterheben. Das Rübenmalheur mit etwas Salz, Muskat und reichlich Pfeffer abschmecken. Nach Belieben mit getrocknetem Majoran, Thymian oder etwas Liebstöckel würzen.

MEIN TIPP: *Rübenmalheur ist, wie der Name schon sagt, ursprünglich durch ein Missgeschick entstanden. Es war einmal als Gemüsebeilage gedacht. Als der Koch es aber auf dem Herd vergaß, verkochte alles zu einem stückigen Mus und so entstand der Name. Rübenmalheur ist ein schönes Wintergericht, das mit viel Pfeffer abgeschmeckt wird. Das regt den Stoffwechsel an und hebt die Stimmung in der dunklen Jahreszeit.*
Steckrüben, die im Norden Runkelrüben heißen, lassen sich gut in etwas Erde in der Garage oder im kalten Keller überwintern.

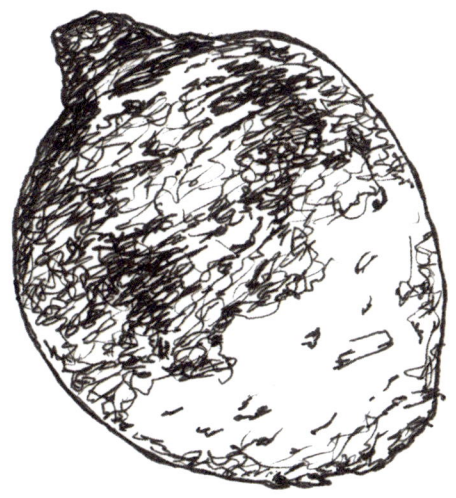

Fränkische Krautlasagne von den Beerenbauern

Für den Nudelteig:
300 g doppelgriffiges Mehl (Instant-Mehl)
2 Prisen unbehandeltes Salz
3 Bio-Eier
2 EL Rapsöl

Für die Krautfüllung:
1 kleiner Weißkohl
1 Zwiebel
2 Karotten
2 EL Rapsöl
1 EL Kümmelsamen
unbehandeltes Salz
schwarzer Pfeffer aus der Mühle
100 ml Bio-Vollmilch
100 g Bio-Obers
150 g geriebener Bio-Bergkäse oder Bio-Käsereste
Bio-Sauerrahmbutter für die Form

Für 4 Personen
Zubereitungszeit: ca. 1 Std.
+ 2 Std. Kühlen + 35 Min. Backen

Für den Nudelteig: Mehl und Salz in einer großen Schüssel mischen und in die Mitte eine Mulde drücken. Eier und Öl in die Mulde geben. Alle Zutaten von der Mitte aus mischen, dabei das Mehl nach und nach unterkneten. Den Teig mit den Händen etwa 10 Min. kräftig kneten, bis eine glatte Kugel entstanden ist. In ein feuchtes Küchentuch wickeln und für etwa 2 Std. kühl stellen.

Den Teig in der Nudelmaschine zu dünnen Bahnen ausrollen, in Rechtecke passend zu Ihrer Auflaufform schneiden und in reichlich Salzwasser »al dente« kochen. Die Nudelplatten aus dem Wasser heben und auf einem Blech abkühlen lassen. Vorsicht, nicht übereinanderlegen, sie kleben sonst zusammen.

Für die Krautfüllung: Den Weißkohl putzen, entstrunken und in feine Streifen schneiden oder hobeln. Zwiebel und Karotten schälen und in dünne Scheiben schneiden. Das Gemüse in einem Topf im heißen Öl leicht anbraten. Mit Kümmel, etwas Salz und Pfeffer würzen und mit Milch und Obers aufgießen. Zugedeckt etwa 10 Min. köcheln lassen.

Den Backofen auf 160 °C vorheizen, die Auflaufform mit Butter gut einstreichen. Nudelplatten und Krautfüllung abwechselnd einschichten, bis die Auflaufform gefüllt ist. Zuletzt mit dem Käse bestreuen und die Lasagne im heißen Ofen etwa 35 Min. backen.

Die Lasagne aus dem Ofen nehmen und kurz abkühlen lassen. Dann die Auflaufform in die Mitte des Tisches stellen, sodass sich jeder nehmen kann, so viel er mag.

Marokkanische Lammkeule mit Kichererbsenpüree

Für die Lammkeule:

1 Bio-Lammkeule (ca. 2 kg)
3 Knollen Knoblauch, geschält und zerteilt
3 EL maghrebinische Paste (ersatzweise Gewürzmischung Ras el Hanout)

Für das Gemüse:

1/2 Knollensellerie, 2 Karotten
2 Winterkohlrabi, 6 Schalotten
1 Stange Lauch (nur das Weiße)
2 Chilischoten
3 EL Rapsöl
250 ml Rotwein, 250 ml Portwein
2 Lorbeerblätter
einige Blattpetersilienstiele
unbehandeltes Salz
schwarzer Pfeffer aus der Mühle

Für das Püree:

200 g Kichererbsen, über Nacht in Wasser eingeweicht
2 TL gemahlener Kreuzkümmel
2 EL geröstete Sesamsamen
30 ml Olivenöl, 50 ml Bio-Vollmilch
unbehandeltes Salz
schwarzer Pfeffer aus der Mühle

Für 4 Personen
Zubereitungszeit: ca. 30 Min.
+ über Nacht Marinieren + 2,5 Std. Braten

Für die Lammkeule: Lammkeule mit den Knoblauchzehen spicken. Dafür mit einem kleinen Messer feine Schnitte rundherum in die Keule setzen und je 1 Knoblauchzehe hineinstecken. Die Keule mit der Paste rundherum einreiben und über Nacht im Kühlschrank marinieren.

Für das Gemüse: Am nächsten Tag den Backofen auf 160 °C vorheizen. Das Gemüse schälen beziehungsweise putzen und waschen und in etwa haselnussgroße Würfel schneiden. Chili putzen, waschen und fein hacken. Das Öl im Bräter erhitzen und das Gemüse darin gut anbraten, wieder herausnehmen. Dann die Lammkeule im heißen Öl rundherum scharf anbraten und mit beiden Weinsorten und 400 ml Wasser auffüllen. Das Lamm soll zur Hälfte in Flüssigkeit schwimmen. Gemüse und Kräuter mit Chili dazugeben und die Keule im heißen Ofen 2–2,5 Std. braten, dabei mindestens drei Mal wenden.

Für das Püree: Die eingeweichten Kichererbsen abgießen, mit frischem Wasser aufsetzen und in etwa 1 Std. gar kochen. Dann abgießen, mit den restlichen Zutaten fein pürieren und mit etwas Salz und Pfeffer würzen. Püree und Keule auf den Tisch stellen und vor Ihrer Familie zerteilen. Das Gemüse vom Schmoransatz können Sie gern dazu servieren.

ALLES VERWERTEN: *Übrig gebliebenes Kichererbsenpüree lässt sich am nächsten Tag auch als vegetarischer Brotaufstrich verwenden. Sollte die Lammkeule nicht ganz aufgegessen werden, mache ich aus dem restlichen Fleisch einen Lammeintopf (S. 186). Für Gemüsereste finden sich auch immer Ideen, beispielsweise eine Gemüsepfanne (S. 186) oder gefüllte Brickteig-Körbchen (S. 64).*

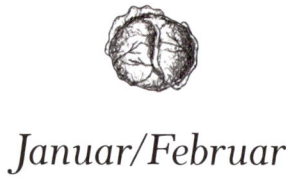

Bohnen-Lamm-Eintopf mit Paradeisern & Gemüsepfanne mit Linsen

Für den Bohnen-Lamm-Eintopf:

400 g restliches gebratenes Lammfleisch (S. 185)
400 g Gemüsereste mit Bratfond (S. 185)
1 Handvoll grüne Bohnen
unbehandeltes Salz
2–3 gekochte Erdäpfel
3 EL gehackte Blattpetersilie

Für 4 Personen
Zubereitungszeit: ca. 30 Min.

Für die Gemüsepfanne:

200 g Beluga- oder Puy-Linsen
600 g Gemüsereste (S. 185;
z. B. Karotten, Zwiebeln, Kohlrabi,
Sellerie und Lauch)
1 Radicchio
4 Blattpetersilienstiele
3 EL Sesamöl
8 EL sehr gute Sojasauce

Für 4 Personen
Zubereitungszeit: ca. 30 Min.

Für den Lammeintopf: Das Lammfleisch vom Knochen lösen und würfeln. Die Gemüsereste vom Schmoransatz samt Fond dazugeben und aufkochen. Inzwischen die Bohnen putzen, waschen, halbieren und separat in Salzwasser in etwa 10 Min. weich kochen. Die Bohnen abgießen und zum Eintopf geben.

Die Erdäpfel pellen, grob schneiden und ebenfalls zum Eintopf geben. Zum Servieren mit Petersilie bestreuen (ohne Abbildung). Auch Reste von Spinat, Fenchel, Vogerlsalat oder Mangold passen hervorragend zum Eintopf, schauen Sie einfach einmal in Ihren Kühlschrank.

Für die Gemüsepfanne: Die Linsen in einem Topf in reichlich ungesalzenem Wasser in etwa 20 Min. gar kochen. Dann abgießen und abtropfen lassen. Das Gemüse vom Schmoransatz in grobe Würfel schneiden. Radicchio und Petersilie waschen, trocken schütteln und in grobe Stücke schneiden. Das Öl in einer Pfanne erhitzen und das Gemüse darin bei mittlerer Hitze etwa 3 Min. anbraten. Die Sojasauce und die gegarten Linsen dazugeben. Dann Radicchio und Petersilie zum Gemüse geben und alles noch etwa 5 Min. braten. Das Gericht warm oder kalt als Salat genießen, gern mit etwas Joghurt oder Kräutertopfen dazu (im Bild).

MEIN TIPP: *Kochen Sie Hülsenfrüchte nie in Salzwasser. Denn in ungesalzenem Wasser garen sie schneller. Beluga- und Puy-Linsen müssen nicht über Nacht einweichen.*

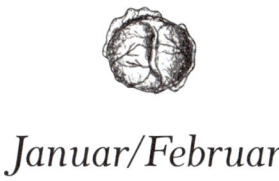

Alles verwerten

Der übrig gebliebene Muschelfond schmeckt gut zu Spaghetti, dafür den Fond nach dem Kochen durch ein Sieb gießen und auffangen. Spaghetti »al dente« kochen, abgießen und abtropfen lassen. Inzwischen ein paar Kapern und Oliven in einer Pfanne in wenig Olivenöl knusprig braten und mit dem Fond aufgießen. Die gekochten Spaghetti dazugeben und alles durchheben, bis der Fond aufgesogen ist.

Frische Muscheln aus dem Paradeisersud

4 kg geschlossene Miesmuscheln, geputzt
1 Zwiebel
1 Karotte
1/2 Stange Lauch
1/4 Knollensellerie
3 EL Rapsöl
90 g romanische Paste (ersatzweise getrocknete Paradeiser mit Oliven und Knoblauch fein pürieren)
100 ml Weißwein

Für 4 Personen
Zubereitungszeit: ca. 30 Min.

Die Muscheln nochmals gründlich waschen. Bereits geöffnete Muscheln entfernen, diese sind verdorben. Das Gemüse schälen beziehungsweise putzen, waschen und fein würfeln. Zuerst die Gemüsewürfel im heißen Öl anschwitzen. Die Paste dazugeben und alles mit Wein und 200 ml Wasser ablöschen.

Die Muscheln in den kochenden Fond geben und darin zugedeckt 5–10 Min. kochen. Wenn die Muscheln offen sind, sind sie gar. (Nach dem Kochen noch geschlossene Exemplare ebenfalls entfernen.) Die Muscheln samt Fond in großen Schüsseln anrichten und nach Belieben mit frischem Sauerteigbrot und Zitronenspalten servieren.

ALLES VERWERTEN: *Sollten wider Erwarten Muscheln übrig geblieben sein, lassen Sie sie etwas abkühlen und bereiten noch einen Muschelsalat daraus zu. Dazu das Muschelfleisch aus den Schalen lösen und mit den Gemüsewürfeln aus dem Fond mischen. Einige Spritzer Zitronensaft und etwas Olivenöl dazugeben und den Salat etwa 4 Std. ziehen lassen. Vor dem Servieren noch frisch gehackte Kräuter dazugeben.*

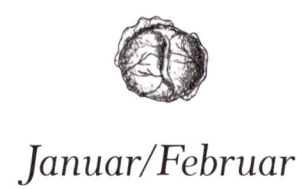

Alles verwerten

Aus den Fischabfällen lässt sich ein Fischfond kochen. Dafür 1 Bund Suppengemüse schälen beziehungsweise putzen, waschen und in haselnussgroße Würfel schneiden. Mit Wasser bedeckt in einem Topf aufkochen. 2 Prisen unbehandeltes Salz und die Fischgräten dazugeben (ohne Augen, Kiemen und Flossen, sonst wird die Suppe tranig). Alles bei schwacher Hitze etwa 1 Std. köcheln lassen. Durch ein Sieb gießen, den Fond in saubere Gläser füllen und gut verschließen. Der Fond hält sich kühl gelagert etwa 3 Monate – die perfekte Basis für Fischsuppen und -saucen.

Saiblingcarpaccio mit lauwarmer Marinade

Für das Carpaccio:
1 Saibling (ca. 300 g; nach Belieben vom Fischhändler filetieren lassen)
unbehandeltes Salz

Für die Marinade:
1/2 Bund Schnittlauch
1 Schalotte
3 EL Rapsöl
2 TL Kapern mit Lake
Saft und abgeriebene Schale
von 1 unbehandelten Zitrone
Saft von 1/2 Orange
1/2 TL mittelscharfer Senf
unbehandeltes Salz
schwarzer Pfeffer aus der Mühle

Für 4 Personen
Zubereitungszeit: ca. 30 Min.

Für das Carpaccio: Den Saibling mit etwas Salz abreiben, um die Schleimschicht zu entfernen. Dann gut waschen und trocken tupfen. Mit einem scharfen Messer hinter dem Kopf und der Brustflosse bis auf die Mittelgräte einschneiden. Das Messer waagerecht zur Mittelgräte drehen und den Fisch in langen Schnittbewegungen in Richtung Schwanzflosse filetieren. Die Filets auf die Hautseite drehen und verbliebene Gräten mithilfe einer kleinen Zange entfernen. Die Saiblingfilets mit einem scharfen Messer in hauchfeine Scheiben schneiden und kreisförmig als Carpaccio auf flachen Tellern anrichten.

Für die Marinade: Schnittlauch waschen, trocken schütteln und in Röllchen schneiden. Schalotte schälen, fein würfeln und in einem Topf im heißen Öl glasig dünsten. Kapern grob hacken und mit etwas Lake dazugeben. Alles mit Zitronen- und Orangensaft aufgießen. Topf vom Herd nehmen und die Marinade mit Zitronenschale, Senf, Schnittlauch, etwas Salz und Pfeffer würzen – sie soll würzig sein, damit sie mit dem ungewürzten Saibling harmoniert. Die warme Marinade über das Fischcarpaccio träufeln und alles als Vorspeise servieren.

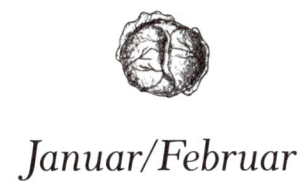

Kabeljau im Pergament mit Senf-Butter-Sauce und Buchweizenbulgur

Für den Kabeljau:

1 Kabeljau (ca. 1,5 kg; frisch mit klaren Augen und roten Kiemen; nach Belieben vom Fischhändler vorbereiten lassen)
unbehandeltes Salz
2 Thymianzweige
2 Blattpetersilienstiele
1 Lorbeerblatt
1 unbehandelte Zitrone, geviertelt
1 großer Bogen Pergamentpapier

Für die Senf-Butter-Sauce:

4 Bio-Eidotter
3 EL Weißwein
1 TL grober Senf
60 g zerlassene Bio-Sauerrahmbutter
unbehandeltes Salz
schwarzer Pfeffer aus der Mühle
etwas Saft und abgeriebene Schale
von 1 unbehandelten Zitrone

Für den Bulgur:

500 ml klare Gemüsesuppe (Tipp S. 60)
250 g Buchweizenbulgur

Für 4 Personen
Zubereitungszeit: ca. 45 Min.
+ 40 Min. Backen

Für den Kabeljau: Den Fisch auf der Bauchseite aufschneiden, ausnehmen und sehr gut waschen. Die Flossen mithilfe einer Küchenschere entfernen. Den Kopf ebenfalls entfernen und eventuell für Fischfond verwenden (dafür Augen und Kiemen entfernen, sonst wird die Suppe bitter und tranig; S. 190). Den Backofen auf 200 °C vorheizen. Den Fisch innen und außen salzen und mit Kräutern und Zitrone füllen. In das Pergamentpapier gut einwickeln, auf ein Backblech setzen und im heißen Ofen 30–40 Min. backen. Lässt sich das Fleisch leicht von der Mittelgräte lösen, ist der Fisch gar.

Für die Senf-Butter-Sauce: Eidotter mit Wein und Senf über dem heißen Wasserbad aufschlagen. Die zerlassene Butter erst tröpfchenweise, dann in einem dünnen Strahl unterrühren und dabei immer weiter schlagen, sonst verbindet sich die Butter nicht mit dem Ei. Hat die Sauce die richtige Temperatur und Konsistenz erreicht, vom Wasserbad nehmen. Mit etwas Salz, Pfeffer und Zitronensaft und -schale abschmecken.

Für den Bulgur: Die Suppe in einem Topf aufkochen, Bulgur dazugeben und zugedeckt bei schwacher Hitze etwa 10 Min. quellen lassen. Den Kabeljau mit Bulgur und Sauce anrichten und nach Belieben mit ein paar Rucolablättern garnieren.

ALLES VERWERTEN: *Aus den Resten vom gebratenen Fisch lässt sich noch ein schöner Salat mit Fenchel und Paradeisern herstellen: Fenchel und Paradeiser putzen beziehungsweise waschen, klein schneiden und in Olivenöl anbraten, dann mit Zitronensaft beträufeln. Die Reste vom Fisch in Stücke teilen und zum Gemüse geben. 1 gute Handvoll gemischte Kräuter dazugeben und den Salat in einer Schüssel abkühlen lassen.*

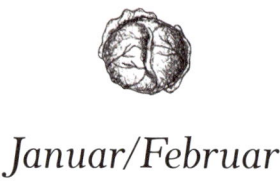

Oma Elses Topfenbällchen

Für den Teig:
2 Bio-Eier
unbehandeltes Salz
50 g weiche Bio-Butter
2 EL Rohrzucker
abgeriebene Schale von
1 unbehandelten Zitrone
100 g Mehl
250 g Bio-Topfen (20 % Fett)
2 TL Backpulver

Zum Frittieren:
1,5 l Rapsöl
2 EL feiner Zucker
1 TL Zimt

Für 4 Personen
Zubereitungszeit: ca. 45 Min.

Für den Teig: Die Eier trennen und das Eiklar mit 1 Prise Salz steif schlagen. Die Eidotter mit Butter und Zucker schaumig schlagen. Zitronenschale, Mehl, Topfen und Backpulver nach und nach zur Butter-Eidotter-Masse geben und alles gut verrühren. Danach den Eischnee mit einem Teigschaber vorsichtig unter die Masse heben.

Zum Frittieren: Das Öl in einem großen Topf erhitzen, bis Bläschen an einem ins Fett getauchten Holzlöffelstiel aufsteigen. Aus dem Teig kleine Bällchen mithilfe eines Eisportionierers formen, ins Öl gleiten lassen und darin knusprig braun ausbacken. Die Bällchen dabei mehrmals wenden, damit sie gleichmäßig backen.

Die Topfenbällchen mit einer Schaumkelle herausheben, auf Küchenpapier abtropfen lassen und in der Zucker-Zimt-Mischung wälzen. Noch warm zu einer Tasse Kaffee oder einer Kugel Vanilleeis genießen.

ALLES VERWERTEN: *Das Öl nach dem Frittieren abkühlen lassen und durch einen Kaffeefilter gießen. In einem großen Glas kühl aufbewahrt können Sie es noch zum Braten oder erneut zum Frittieren verwendet werden. Vorsicht beim Frittieren von Fisch und Fleisch: Das hierzu verwendete Öl dann nicht mehr zum Frittieren von süßen Gerichten nehmen!*
Oma Elses Topfenbällchen habe ich durch Ronny kennengelernt. Er hat das Glück, eine Oma gehabt zu haben, die immer sonntags nur für ihn diese Topfenbällchen machte. So dachte er zumindest, als er klein war. Er hat noch heute die Pyramide von zig Topfenbällchen vor Augen, die unter Staubzuckerschnee verschwanden. Ronny hat das alte Rezept bewahrt – Sie können es nachbacken!

Alles verwerten

Sollten Sie keine Beeren zur Hand haben, könnten Sie den Topfen auch zu einem Topfen-Bananen-Eis verarbeiten: Dafür 2 Bananen schälen und in Scheiben schneiden. Die Scheiben flach nebeneinander in ein gefriertaugliches Gefäß geben und etwa 2 Std. einfrieren. Zum Servieren die gefrorenen Bananenscheiben in einen Küchenmixer füllen, 2 EL Bio-Topfen dazugeben und mit 1 Spritzer Zitronensaft würzen. Alles zu einem feinen Eis pürieren und sofort servieren.

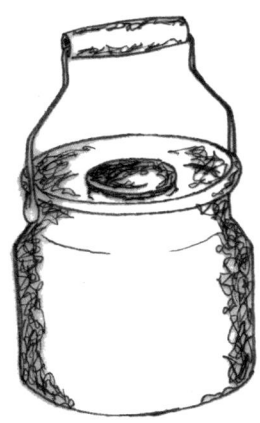

Topfensoufflé mit Beerenkompott

2 Bio-Eier
unbehandeltes Salz
5 EL Rohrzucker
250 g Bio-Topfen (20 % Fett)
1 TL Speisestärke
Staubzucker zum Bestreuen
200 g Beerenkompott (Tipp unten)
Bio-Butter für die Formen

Für 4 Souffléförmchen (à ca. 5 cm Ø)
Zubereitungszeit: ca. 20 Min.
+ 12 Min. Backen

Den Backofen auf 160 °C vorheizen. Die Souffléförmchen mit Butter einstreichen. Die Eier trennen. Das Eiklar mit 1 Prise Salz steif schlagen, dabei nach und nach den Zucker einrieseln lassen. Topfen, Eidotter und Speisestärke gründlich verrühren und den Eischnee vorsichtig unterheben.

Die Masse auf die Förmchen verteilen und die Soufflés im heißen Ofen etwa 12 Min. backen – währenddessen den Ofen nicht öffnen. Herausnehmen, etwas abkühlen lassen und mit Staubzucker bestreut servieren. Dazu passen eingekochte Erdbeeren, Brombeeren oder Ribiseln.

ALLES VERWERTEN: *Wenn es zur Erntezeit Obst im Überfluss gibt und dieses leicht zu verderben droht, koche ich Kompott daraus – egal ob aus Beeren, Zwetschgen oder Marillen. Dazu das Obst waschen und eventuell entsteinen. Auf 700 g Obst 300 g Rohrzucker abwiegen, beides aufkochen und so lange unter Rühren köcheln, bis sich der Zucker aufgelöst hat. Das Kompott noch heiß in saubere Gläser füllen. Die Gläser sofort verschließen und umgedreht auf ein Küchentuch stellen. Anschließend kühl und dunkel aufbewahren. Das Kompott hält so mindestens 6 Monate.*

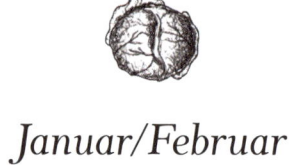

Rumtopf & Rumfrüchtekuchen

Für den Rumtopf:

Juni: Erdbeeren
August: Mirabellen, Pflaumen, Sauer-
kirschen, Brombeeren, Heidelbeeren
oder Ribisel
Oktober: Äpfel (z. B. Boskoop oder
Elstar) oder Birnen
brauner Kandis (nach Gewicht
des Obstes)
brauner Rum (42 %; nach Bedarf)

Für 1 großen Rumtopf
Zubereitungszeit: mehrere Monate

Für den Rumfrüchtekuchen:

4 Bio-Eier
100 g Zartbitterkuvertüre
150 g Honig
125 g Mehl
1 TL Backpulver
125 g gemahlene Haselnusskerne
1 TL Zimt
unbehandeltes Salz
200 g weiche Bio-Butter
einige Rumfrüchte (ersatzweise
andere Früchte)
Bio-Butter für die Form
Staubzucker zum Bestäuben

Für 1 Springform (ca. 28 cm Ø)
Zubereitungszeit: ca. 20 Min.
+ 45 Min. Backen

Für den Rumtopf im Juni: Die Beeren abwiegen, waschen, trocken tupfen und in ein großes Glas oder einen Steinguttopf geben. Die Hälfte des Gewichts der Erdbeeren an Kandis abwiegen und zu den Beeren geben. Alles gut mischen und etwa 1 Std. ziehen lassen. Dann die Beeren mit Rum vollständig bedecken. Glas oder Topf gut verschließen und an einem kühlen dunklen Ort aufbewahren. Sollten Sie ein Glas benutzen, umwickeln Sie es mit einem Küchentuch, damit kein Licht an die Früchte gelangen kann (ohne Abbildung).

Im August: Obst waschen beziehungsweise säubern. Mirabellen und Pflaumen halbieren und entkernen, Sauerkirschen entsteinen. Das Obst abwiegen und wie beschrieben einlegen.

Im Oktober: Das Obst waschen, vierteln und entkernen. Die Viertel nochmals halbieren, das Obst abwiegen, wie beschrieben einlegen und lagern. Der Rumtopf sollte anschließend noch mindestens 1 Monat reifen. Am besten schmecken die Rumfrüchte aber erst zu Weihnachten. Dann mit einer Kugel Vanilleeis, in heißem Kakao oder einfach nur so genießen.

Für den Kuchen: Den Backofen auf 200 °C vorheizen. Die Springform mit Butter einstreichen. Die Eier trennen und das Eiklar steif schlagen. Die Kuvertüre fein reiben und mit Eidottern, Honig, Mehl, Backpulver, Nüssen, Zimt, 1 Prise Salz und Butter verrühren. Den Eischnee vorsichtig unterheben und den Teig in die Form füllen. Die Rumfrüchte abtropfen lassen und in den Teig drücken. Den Kuchen im heißen Ofen etwa 45 Min. backen. Herausnehmen, abkühlen lassen und mit Staubzucker bestäuben (im Bild).

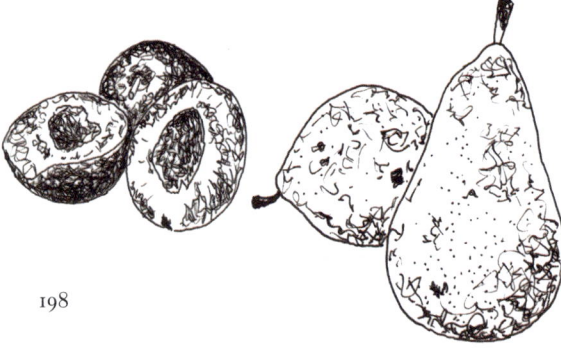

Saisonkalender
für Obst und Gemüse

Auf meinen Saisonkalendern für Obst und Nüsse, Gemüse und Salat sehen Sie, was in unseren Breiten in welchem Monat Hochsaison hat. Meist sind es nur zwei Monate, in denen Obst und Gemüse am besten schmecken. Daher ist dieses Buch auch in sechs Saisonzeiten zusätzlich zu den vier gängigen Jahreszeiten eingeteilt – erkennbar an den wechselnden Farben bei den Rezeptnamen.

Außerdem unterscheide ich in der Tabelle, unter welchen Anbaubedingungen das Obst und Gemüse in dem jeweiligen Monat zu haben sind. Am besten sind natürlich Produkte aus dem Freilandanbau. Sie werden unter freiem Himmel und den gegebenen Witterungsbedingungen angebaut. Dagegen belastet Ware, die in beheizten Gewächshäusern wächst oder lange in Lagern aufbewahrt werden muss, unser Klima sehr stark. Manchmal ist das nicht zu vermeiden – versuchen sollte man es aber!

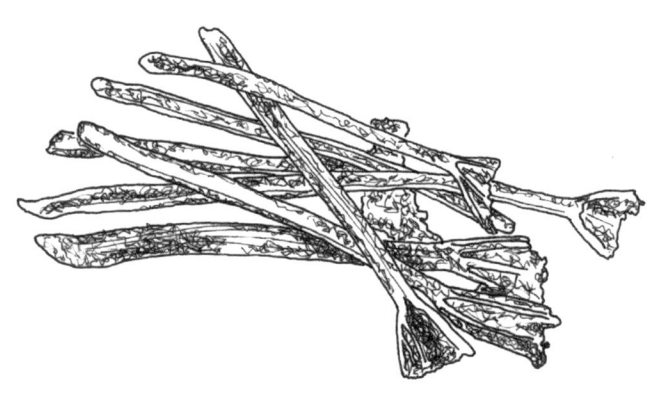

Saisonkalender Obst

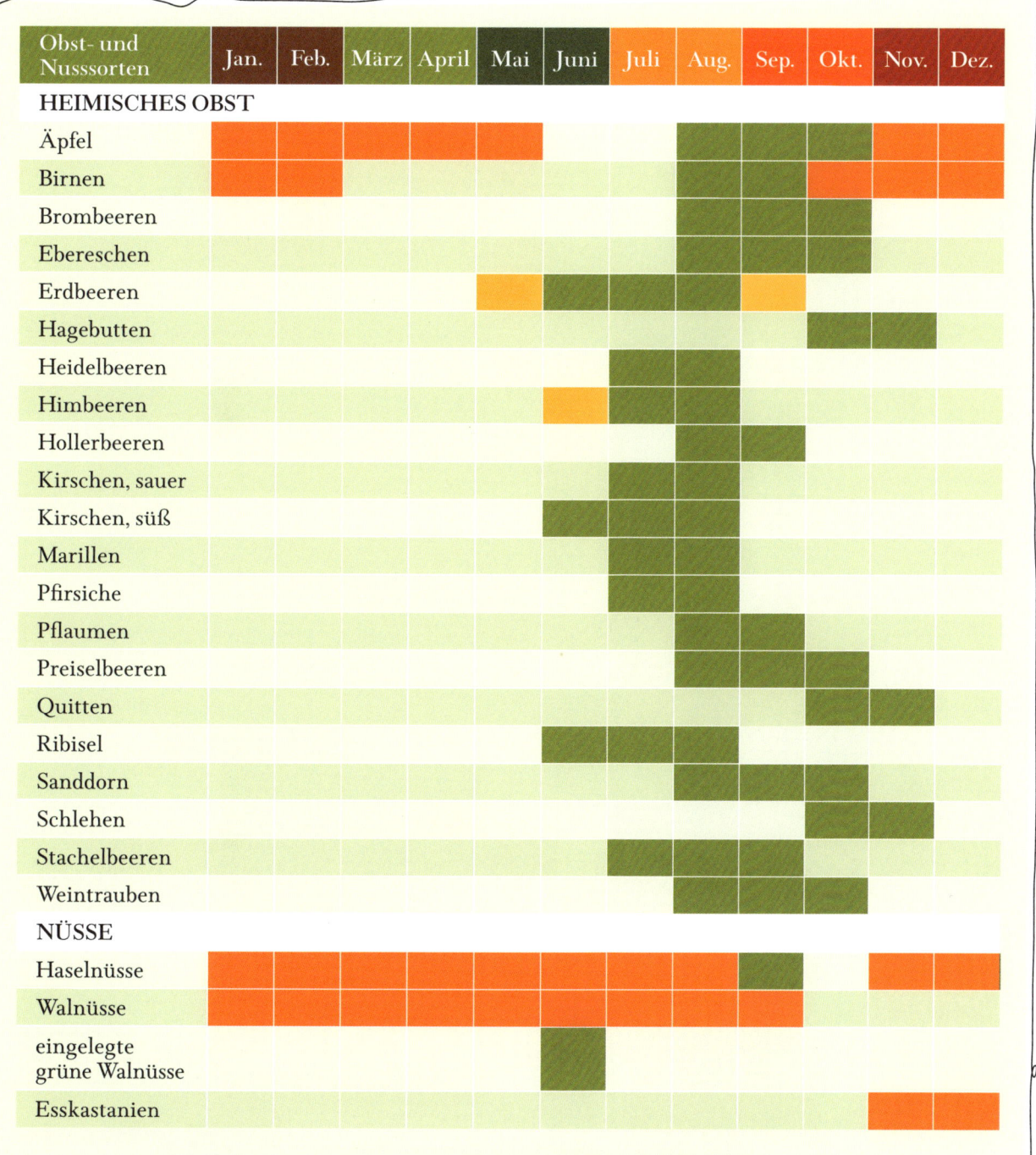

Obst- und Nusssorten	Jan.	Feb.	März	April	Mai	Juni	Juli	Aug.	Sep.	Okt.	Nov.	Dez.
HEIMISCHES OBST												
Äpfel	■	■	■	■	■			■	■	■	■	■
Birnen	■	■	■					■	■	■	■	■
Brombeeren								■	■	■		
Ebereschen								■				
Erdbeeren					■	■	■	■	■			
Hagebutten										■	■	
Heidelbeeren							■	■				
Himbeeren						■	■	■				
Hollerbeeren								■	■			
Kirschen, sauer							■	■				
Kirschen, süß						■	■					
Marillen							■	■				
Pfirsiche							■	■				
Pflaumen								■	■			
Preiselbeeren								■	■	■		
Quitten									■	■	■	
Ribisel						■	■					
Sanddorn								■	■			
Schlehen										■	■	
Stachelbeeren							■	■				
Weintrauben								■	■			
NÜSSE												
Haselnüsse	■	■	■	■	■	■	■	■	■		■	■
Walnüsse	■	■	■	■	■	■	■	■	■			
eingelegte grüne Walnüsse						■						
Esskastanien											■	■

Legende: Grün = Sehr geringe Klimabelastung (Freiland), Gelb = Geringe/mittlere Klimabelastung (geschützter Anbau, unter Folie, unbeheizt), Blau = Geringe/mittlere Klimabelastung (Gewächshaus, unbeheizt), Rot = Hohe Klimabelastung (Gewächshaus, beheizt), Orange = Hohe Klimabelastung (Lagerware)

Saisonkalender Gemüse

Obst- und Nusssorten	Jan.	Feb.	März	April	Mai	Juni	Juli	Aug.	Sep.	Okt.	Nov.	Dez.
HEIMISCHES GEMÜSE												
Auberginen						dunkelrot	gelb	grün	grün	grün		
Bohnen, grüne					orange	orange	grün	grün	grün	grün		
Bohnen, dicke						grün	grün	grün				
Brokkoli					grün	grün	grün	grün	grün	grün	grün	
Chinakohl	orange	orange	orange	orange	gelb	grün	grün	grün	grün	grün	grün	orange
Erbsen						grün	grün	grün	grün	grün		orange
Erdäpfel	orange	orange	orange	orange	orange	grün	grün	grün	grün	grün	grün	orange
Fenchel						grün	grün	grün	grün	grün		
Frühlingszwiebeln				grün	grün	grün	grün	grün	grün	grün		
Grünkohl	grün	orange									grün	grün
Karfiol				gelb	grün	grün	grün	grün	grün	grün	grün	
Kohlrabi				gelb	gelb	grün	grün	grün	grün	grün		
Karotten	orange	orange	orange	orange	grün	grün	grün	grün	grün	grün	orange	orange
Kürbis	orange							grün	grün	grün	grün	orange
Lauch	orange	orange	orange	grün	grün	grün	grün	grün	grün	grün	grün	grün
Mais								grün	grün	grün		
Mangold					grün	grün	grün	grün	grün	grün		
Paprikaschoten						dunkelrot	blau	blau	blau			
Paradeiser					dunkelrot	blau	blau	blau	blau	dunkelrot	dunkelrot	
Pastinaken	gelb	gelb	gelb	gelb	grün	grün	grün	grün	grün	grün	orange	orange
Radieschen				gelb	grün	grün	grün	grün	grün	grün		
Rettich	orange	orange	orange	orange	grün	grün	grün	grün	grün	grün		orange
Rhabarber			gelb	grün	grün	grün						
Rosenkohl	grün	grün	grün							grün	grün	grün
Rote Bete	orange	orange	orange			grün	grün	grün	grün	grün	orange	orange
Rotkohl	orange	orange				grün	grün	grün	grün	grün	orange	orange
Salatgurken		dunkelrot	dunkelrot	dunkelrot	blau	blau	blau	blau	blau	blau		
Schmor- und Einlegegurken						grün	grün	grün	grün			
Schwarzwurzeln	orange	orange	orange	orange					grün	grün	grün	orange

Obst- und Nusssorten

Obst- und Nusssorten	Jan.	Feb.	März	April	Mai	Juni	Juli	Aug.	Sep.	Okt.	Nov.	Dez.
Spargel, weiß				Gelb	Gelb							
Spargel, grün					Grün	Grün						
Spinat			Grün	Grün	Grün	Grün	Grün	Grün	Grün	Grün	Grün	
Spitzkohl	Orange	Orange			Gelb	Grün					Orange	Orange
Staudensellerie	Orange	Orange	Orange					Grün	Grün	Grün	Orange	Orange
Steckrüben	Orange	Orange	Orange							Grün	Orange	Orange
Weißkohl	Orange	Orange	Orange	Orange	Gelb	Gelb	Grün	Grün	Grün	Grün	Grün	Orange
Wirsing	Orange	Orange	Orange			Gelb	Grün	Grün	Grün	Grün	Grün	Orange
Zucchini							Grün	Grün	Grün	Grün		
Zuckerschoten					Gelb	Grün	Grün	Grün				
Zwiebeln	Orange	Orange	Orange	Orange	Orange	Gelb	Grün	Grün	Grün	Grün	Orange	Orange

SALATE & WILDKRÄUTER

	Jan.	Feb.	März	April	Mai	Juni	Juli	Aug.	Sep.	Okt.	Nov.	Dez.
Batavia					Grün	Grün	Grün	Grün	Grün	Grün		
Brennnessel			Grün	Grün	Grün							
Chicoreé	Gelb									Gelb	Gelb	Gelb
Eichblattsalat					Grün	Grün	Grün	Grün	Grün	Grün		
Eisbergsalat					Grün	Grün	Grün	Grün	Grün	Grün		
Endiviensalat					Gelb	Grün	Grün	Grün	Grün	Grün		
Giersch				Grün	Grün	Grün						
Kopfsalat				Blau	Gelb	Grün	Grün	Grün	Grün	Grün		
Lollo Rosso					Grün	Grün	Grün	Grün	Grün	Grün		
Portulak	Gelb	Gelb	Gelb				Gelb	Gelb	Gelb	Gelb	Gelb	Gelb
Radicchio						Gelb	Gelb	Gelb	Gelb	Gelb	Gelb	
Romana					Grün	Grün	Grün	Grün	Grün	Grün		
Rucola				Gelb	Grün	Grün	Grün	Grün	Grün	Grün		
Vogelmiere	Grün	Grün	Grün	Grün	Grün	Grün	Grün	Grün	Grün	Grün	Grün	Grün
Vogerlsalat	Gelb	Gelb	Grün	Grün	Grün	Grün	Grün	Grün	Grün	Grün	Gelb	Gelb

Legende: Grün = Sehr geringe Klimabelastung (Freiland), Gelb = Geringe/mittlere Klimabelastung (geschützter Anbau, unter Folie, unbeheizt), Blau = Geringe/mittlere Klimabelastung (Gewächshaus, unbeheizt), Rot = Hohe Klimabelastung (Gewächshaus, beheizt), Orange = Hohe Klimabelastung (Lagerware)

Rezeptregister

Rezeptregister

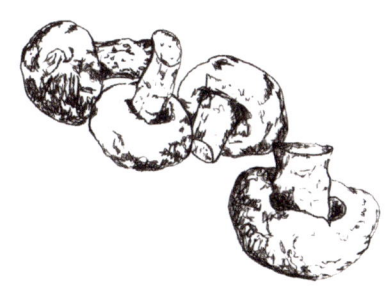

Rezeptregister

Rezeptregister

Rezeptregister

Rezeptregister

Rezeptregister

Rezeptregister

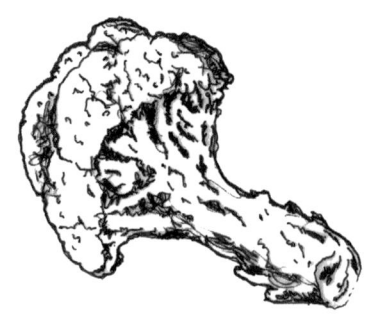

Rezeptregister

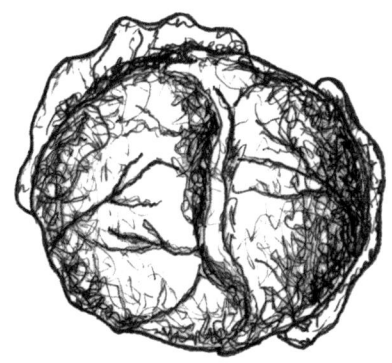

Hinweis: Die Temperaturangaben beziehen sich –
sofern nichts anderes angegeben – auf Backöfen
mit Ober-/Unterhitze.
Bei den Eiern nehme ich immer Größe M.

Küchendolmetscher
Österreichisch-Deutsch

Eidotter	=	Eigelb
Eierschwammerl	=	Pfifferlinge
Eiklar	=	Eiweiß
Erdapfel	=	Kartoffel
Germ	=	Hefe
Holler	=	Holunder
Karfiol	=	Blumenkohl
Karotte	=	Möhre
Knödel	=	Kloß
Kren	=	Meerrettich
Laiberl	=	Laibchen, Pflanzerl
Marille	=	Aprikose
Nockerl	=	Klößchen
Obers	=	Sahne
Paradeiser	=	Tomate
Ribisel	=	Johannisbeere
Sauerrahm	=	saure Sahne
Semmel	=	Brötchen
Staubzucker	=	Puderzucker
Suppe	=	Brühe
Topfen	=	Quark
Vogerlsalat	=	Feldsalat

Die Autorin

Sarah Wiener, eine der bekanntesten Köchinnen Deutschlands und Österreichs.

Danksagung

Ein herzliches Dankeschön an wirklich alle Beteiligten, die ihre Liebe, Mühe und Zeit in dieses schöne Buch – direkt und indirekt – haben einfließen lassen. Ein besonderer Dank geht an den Dottenfelder Hof bei Bad Vilbel für die herrliche Kulisse der Fotografie.
Wir danken außerdem folgenden Firmen für ihre Unterstützung bei der Fotoproduktion:
Riess KELOmat GmbH,
www.riess.at,
Seibel Designpartner GmbH
Pott & Mono,
www.pott-bestecke.de,
Gmundner Keramik
Manufaktur GmbH,
www.gmundner.at
sowie
der Holzofenbäckerei Wiener
Brot Berlin, www.wienerbrot.de

Impressum

© 2014 GRÄFE UND UNZER GMBH, München
Alle Rechte vorbehalten

ISBN: 978-3-8338-3439-4

Projektleitung:
Claudia Bruckmann
Konzept und Koordination:
Cornelia Philipp, Berlin
Lektorat: Kathrin Gritschneder, Deggendorf
Korrektorat:
Adelheid Schmidt-Thomé
Foodfotografie: Lutz Jäkel, Berlin
Foodstyling:
Ronny Loll, Hamburg
Peoplefotografie:
Christian Kaufmann, München;
Lutz Jäkel, Berlin (siehe Bildnachweis rechts)
Coverfoto: Lutz Jäkel, Berlin
Illustrationen:
Artur Wiener, Hamburg
Umschlaggestaltung und Innenlayout:
Sabine Krohberger, ki 36
Editorial Design, München
Herstellung: Markus Plötz
Satz: Christopher Hammond
Druck und Bindung:
Firmengruppe Appl, Wemding

Bildnachweis (Peoplefotos):
Christian Kaufmann: S. 4, 5, 6, 7, 8, 9, 44, 45, 104, 105, 215
Lutz Jäkel: S. 66, 78, 162, 163, 184

1. Auflage 2014

www.graefeundunzer-verlag.de

GRÄFE
UND
UNZER

Ein Unternehmen der
GANSKE VERLAGSGRUPPE